MARCO POLO

Estland
Tallinn

Reisen mit
**Insider
Tipps**

W0105231

NORWEGEN
FINNLAND
Oslo
Helsinki
Stockholm
St. Petersburg
Tallinn
SCHWEDEN
ESTLAND
ATLANTISCHER
OZEAN
LETTLAND
RUSSLAND
DÄNE-
MARK
Riga
LITAUEN
Wilna
RUS.
NIEDER-
LANDE
Hamburg
WEISS-
RUSSLAND
DEUTSCH-
LAND
POLEN

Diesen Reiseführer schrieb Wolf Gehrmann.
Der an der Ostsee lebende Journalist kennt
Estland durch viele Reisen und berichtet
für deutschsprachige Medien speziell über
das Baltikum und den Ostseeraum.

www.marcopolo.de
Infos zu den beliebtesten Reisezielen
im Internet, siehe auch Seite 99

SYMBOLE

 MARCO POLO INSIDER-TIPPS:
Von unserem Autor für Sie entdeckt

 MARCO POLO HIGHLIGHTS:
Alles, was Sie in Estland kennen sollten

 HIER HABEN SIE EINE SCHÖNE AUSSICHT

 WO SIE JUNGE LEUTE TREFFEN

PREISKATEGORIEN

Hotels		**Restaurants**	
€€€	über 75 Euro	€€€	über 10 Euro
€€	45–75 Euro	€€	5–10 Euro
€	bis 45 Euro	€	bis 5 Euro

Die Preise gelten für eine Übernachtung im Doppelzimmer mit Frühstück.

Die Preise gelten für ein Hauptgericht ohne Getränke.

KARTEN

[110 A1] Seitenzahlen und Koordinaten für den Reiseatlas Estland

[0] außerhalb des Kartenausschnitts

Karten zu Narva, Tallinn und Tartu finden Sie im hinteren Umschlag.

Zu Ihrer Orientierung sind auch die Orte mit Koordinaten versehen, die nicht im Reiseatlas eingetragen sind.

GUT ZU WISSEN

Nur Italienisch klingt schöner **10** · Land der Bücher **16**
Estnische Spezialitäten **20** · Deutsch-baltische Herrenhäuser **32**
Waldbrüder **48** · Spa-Urlaub in Estlands Westen **60**
Setu – die Indianer Estlands **76**

INHALT

DIE BESTEN MARCO POLO INSIDER-TIPPS .... vorderer Umschlag

DIE WICHTIGSTEN MARCO POLO HIGHLIGHTS 4

AUFTAKT 7
Entdecken Sie Estland!

Geschichtstabelle 8

STICHWORTE 13
Von Sängern und gesammelten Genen

ESSEN & TRINKEN 19
Kräftig, deftig, herzhaft

EINKAUFEN 23
Holzschnitzereien und Pullover

FESTE, EVENTS UND MEHR 24

TALLINN UND UMGEBUNG 27
Lebendige Stadt mit hanseatischem Flair

DER NORDOSTEN 43
Raue Küsten, einsames Land

DER WESTEN 51
Romantische Inseln und weiße Strände

DER SÜDEN 67
Dichte Wälder und stille Seen

AUSFLÜGE & TOUREN 83
Von Schlössern, Seen, nahen Inseln

SPORT & AKTIVITÄTEN 89
Segeln und radeln, angeln und reiten

MIT KINDERN REISEN 93
Pferde striegeln und Häschen streicheln

ANGESAGT! 96

PRAKTISCHE HINWEISE 97
Von Anreise bis Zoll

SPRACHFÜHRER 103

REISEATLAS ESTLAND 107
KARTENLEGENDE REISEATLAS 109
MARCO POLO PROGRAMM 117
REGISTER 118
IMPRESSUM 119
BLOSS NICHT! 120

Die wichtigsten
MARCO POLO Highlights

Sehenswürdigkeiten, Orte und Erlebnisse, die Sie nicht verpassen sollten

 Domberg (Toompea)
Gänsehautgefühl: Blicken Sie vom Domberg auf die wunderschöne mittelalterliche Altstadt Tallinns (Seite 29)

 Katharinental (Kadriorg)
Es geschah aus Liebe: Zar Peter I. baute ein Super-Sommerschloss für seine Angetraute (Seite 30)

 Lahemaa-Nationalpark (Lahemaa rahvuspark)
Ein urwüchsiger Landschaftstraum mit vielen Buchten, die Sie unbedingt entdecken sollten (Seite 39)

 Hermannsfeste (Hermanni linnus)
In der Grenzstadt Narva stehen sich zwei mächtige Trutzburgen auf Flussbreite argwöhnisch gegenüber (Seite 44)

 Toolse
Melancholie und Romantik pur: Der Wind bläst den Atem der Ordensritter durch jeden Riss der Burgruine an der Ostsee (Seite 49)

 Leuchtturm Kõpu (Tahetorn Kõpu)
Jahrhunderte schon steht das älteste Leuchtfeuer der Ostsee auf Hiiumaa (Seite 54)

Wissenschaftstempel: die traditionsreiche Universität von Tartu

Wehrhaft noch als Ruine: Toolse

 Bischofsburg (Piiskopilinnus)
Gewaltig sind die Mauern der
komplett erhaltenen Trutzburg
in Kuressaare (Seite 57)

 Koguva
Das Dorf auf Muhu zeigt, wie
einfach, entbehrungsreich,
aber auch schön das Leben
einst war (Seite 59)

 Windmühlen von Angla
Auf Saaremaa stehen würde-
volle Zeugen aus anderer
ökologischer Zeit (Seite 60)

 Strände
Vor der offenen See geschützt,
sind die kilometerlangen
weißen Strände in der Pärnuer
Bucht ein Erlebnis (Seite 63)

 Soomaa-Nationalpark
Wilde Tiere, viele Vögel, raue
Wasser: Der Nationalpark ist
ein Paradies für Wanderer und
Kanuten (Seite 65)

 Johanneskirche (Jaani kirik)
Die Terrakottaskulpturen an
der Fassade sind einmalig in
Europa (Seite 71)

Weitblick vom Großen Eierberg

 Universität (Tartu ülikool)
Die Hochschulstadt Tartu zieht
die Jugend an und bewahrt
gleichzeitig den Geist Estlands
(Seite 72)

 Väike-Taevaskoja
Der Fluss Ahja hat in
Põlvamaa eine romantische
Felslandschaft geschaffen
(Seite 77)

 **Großer Eierberg
(Suur Munamägi)**
Bis zu 50 km können Sie von
diesem Berg nach Russland
hineinsehen (Seite 80)

 Die Highlights sind in der Karte auf dem hinteren Umschlag eingetragen

Entdecken Sie Estland!

Ein Land der leisen Töne, geprägt von der herben Schönheit seiner Natur, entdeckt seine hanseatisch-skandinavischen Wurzeln wieder

»Estonia: 12 Points« – mit dem Gewinn des European Song Contest 2001 rückte Estland im Bewusstsein vieler TV-Zuschauer erstmals richtig auf die europäische Landkarte. Und als die Esten ein Jahr später stolz den Gesangswettbewerb in ihrer Hauptstadt Tallinn ausrichteten, nutzten sie dies geschickt, um den nördlichsten Baltenstaat der internationalen Öffentlichkeit vorzustellen. Gesang und Musik waren für die Menschen in dieser kleinsten Baltenrepublik (45 227 km^2, 1,37 Mio. Ew.) stets von existenzieller Bedeutung. Ihre Traditionen pflegend, ihre überlieferten Lieder singend und mit einem Schuss Pragmatismus wahrten die Esten über viele Generationen ihre nationale Identität. Jahrhunderte lebten die Esten unter fremder Herrschaft: Dänen, deutsche Ordensritter, Polen, Schweden, Russen, sie alle hinterließen im Land an der Ostsee ihre Spuren.

Im 13. Jh. von Dänemark aus missioniert, wurden die Esten später vom Deutschen Orden beherrscht. Zugleich errichteten deut-

Im Sommer überall präsent: Störche

sche Hanse-Kaufleute in Livland, dem heutigen Lettland und Estland, Niederlassungen. Tallinn, von den Deutschen Reval genannt, Narva, Tartu (Dorpat), Pärnu (Pernau) und Viljandi (Fellin) waren blühende Hansestädte. Im 16./17. Jh. stritten sich Polen, Schweden und Russen ums Land; die Letzteren blieben siegreich. Zwar lösten sich die Esten 1917/18 aus dem Zarenreich, doch endete diese Eigenständigkeit mit dem Hitler-Stalin-Pakt 1939. Von Moskau einverleibt, von den Deutschen besetzt, wurde Estland nach dem Kriegsende sowjetisiert. Durch Flucht, Massendeportationen und staatlichen Mord verlor das Land ein Viertel seiner ethnischen Bevölkerung. Im Gegenzug kamen Einwanderer aus dem Sowjetreich ins Land. Die Esten stellen

Tallinn: Blick vom Domberg auf die St.-Olai-Kirche und die Ostsee

Geschichtstabelle

4400–2500 v. Chr. Finno-ugrische Völker aus dem Uralgebiet dringen bis ins heutige Finnland und Estland vor. Die Volksgruppe der Balten entsteht

650 Bei den baltischen Völkern bilden sich Herrscherdynastien und feste Grenzen heraus

1202–30 Der deutsche Schwertbrüderorden erobert und christianisiert Südestland

1219 Die Dänen besiegen die Esten beim heutigen Tallinn. Christianisierung Nordestlands

1230 Deutsche Kaufleute gründen die Stadt Reval (Tallinn)

1248 Reval erhält Lübisches Recht und wird 1280 Mitglied der Hanse

1346 Dänemark verkauft Nordestland an den Deutschen Orden

14./15. Jh. Blütezeit der Hanse. Reval (Tallinn), Narva, Dorpat (Tartu), Fellin (Viljandi) und Pernau (Pärnu) sind Hansestädte

1523 Die Reformation erreicht Estland

1558 Zar Ivan »der Schreckliche« fällt in Estland ein. Der Ordensstaat zerfällt, die Hansezeit endet

1582–84 Die Schweden vertreiben die Russen. Estland kommt bis 1645 unter schwedische Herrschaft

1710 Im Nordischen Krieg erobert Zar Peter I. Estland

1838 Gründung der »Gelehrten Estnischen Gesellschaft« in Tartu. Beginn des nationalen Erwachens

1869 Erstes gesamtestnisches Sängerfest

24. Feb. 1918 Ausrufung der Republik Estland, Freiheitskämpfe

1920 Frieden von Tartu. Russland verzichtet auf Estland

1922 Aufbau des Nationalstaats

1939/40 Hitler-Stalin-Pakt: Umsiedlung der Deutschbalten, Estland wird sowjetrussisch

1941–44 Deutsche Besatzung

1945–88 Russifizierung Estlands

1989 Eine Menschenkette zieht sich in Erinnerung an den Hitler-Stalin-Pakt quer durchs Baltikum

20. Aug. 1991 Estland erklärt sich für unabhängig. Am 28. Aug. Wiederherstellung diplomatischer Beziehungen mit Deutschland

1991 Estland kommt in die Uno

1994 Die letzten russischen Truppen verlassen Estland

2004 Estland wird Nato-Mitglied und tritt der EU bei

Fein restauriert wie mittlerweile viele Bauwerke in Estland: Tartus Rathaus

heute noch 68 Prozent der Bevölkerung. Es war die »singende Revolution«, mit der sich die Esten dann 1989–91 aus der zerfallenden Sowjetunion befreiten und ihre Unabhängigkeit wiedererlangten.

Seither befindet sich das Land in einem rasanten Umbruch. Die Privatisierung der Staatsbetriebe ist abgeschlossen, das Wirtschaftswachstum überdurchschnittlich. Zugleich katapultierte das Internetzeitalter Estland beim Einsatz neuer Kommunikationstechnologien an die Spitze Europas. Der Staat garantiert allen Bürgern einen Internetzugang; blaue Schilder mit dem @-Symbol weisen auf die mehr als 700 öffentlichen und kostenlosen Internetstationen hin. Und per »E-Government« konferieren die Regierungsmitglieder – ohne Papierdokumente, aber mit Laptop. Doch

» Estland ist im Internetzeitalter angekommen «

der schnelle Umbruch hat viele Menschen zu Verlierern gemacht. Den Preis für die Rosskur zahlen Alte, Familien mit Kindern, Bewohner ländlicher Gebiete. 350 Euro netto beträgt der durchschnittliche Monatslohn, und den erhält nicht jeder. Preise teils wie in Westeuropa machen das Leben für viele Menschen noch teurer. Allein in der Hauptstadt ist der Wohlstand sichtbar größer.

Tallinn ist mit seinem mittelalterlichen Stadtkern, den Theatern, Museen, Restaurants, dem Regierungssitz und den Einkaufszentren das pulsierende Zentrum. Etwa 400 000 Menschen leben hier, fast ein Drittel aller Esten. Schon in Tartu, der zweitgrößten Stadt (100 000 Ew.) mit der ehrwürdigen Universität, fließt das Leben gemächlicher. Industriell nüchtern wirkt das an der

Nordgrenze zu Russland gelegene Narva, während Pärnu an der westlichen Ostsee den Ruf der »Sommerhauptstadt« genießt.

Estland ist ein Land der leisen Töne, geprägt von der herben Schönheit seiner Natur und vom Leben am Meer. 3800 km umfasst die Küstenlinie, sechsmal mehr Kilometer als die Landgrenzen zu Russland und Lettland. Nur der schmale Finnische Meerbusen trennt Estland von Finnland, wie sich das Land überhaupt mehr Skandinavien als dem Baltikum zugehörig sieht. Lange Sandstrände vor Kiefernwäldern im Südwesten, Kalksandsteinkliffe im Norden, Flüsse, die von der bis zu 50 m hohen Steilküste ins Meer stürzen, flache Küstenlinien, durchsetzt mit großen Findlingen: Das Naturpanorama an der Ostsee ist faszinierend. Etwa 1500 Inseln sind der Küste vorgelagert; Saaremaa (Ösel) ist mit 2671 km^2 die zweitgrößte Ostseeinsel überhaupt. Im Norden und Westen ist Estland relativ flach. Ein sanfteres Bild bietet die wellige, waldreiche Hügellandschaft im Süden. Viele der etwa 1400 Seen und zahlreiche Flüsse und Bäche sind in die Moränenlandschaft eingebettet, bewacht vom 318 m hohen Suur Munamägi, dem höchsten Berg des Landes.

Nach Osten schirmt der riesige Peipussee die Region zu Russland ab.

Ein Zehntel des Landes steht unter Naturschutz. Vier Nationalparks und 483 geschützte Gebiete gibt es. Mehr als die Hälfte Estlands ist von Wald bedeckt, zumeist Kiefern, Fichten, Birken und Espen. Die Menschen leben mit der Natur, die Nähe zu ihr ist verwurzelter als bei vielen Westeuropäern. Das gilt auch für die Jugend – trotz ihres Aufbruchs in die nüchterne Geschäftswelt der Laptops und Handys. Fast jede Familie besitzt ein Sommerhaus oder einen Garten, und schon bei den ersten Strahlen der Frühjahrssonne zieht es sie magisch ins Grüne.

> ## Vor Estlands Küste liegen 1500 Inseln

Nur Italienisch klingt schöner

Im Estnischen gibt es viele Umlaute und Doppelvokale – und plattdeutsche Worte

Das Estnische ist eine finno-ugrische Sprache. Es kennt kein Futur, keine Präpositionen, keine Zischlaute. Dafür gibt es 14 Fälle, viele Umlaute und Doppelvokale. Estnisch klingt ungemein melodisch. Nur Italienisch klinge noch schöner, dann komme schon ihre Sprache, behaupten die Esten. Ihren Niederschlag im Estnischen aber hat die deutsche Sprache gefunden. Rund 2000 Lehnwörter stammen aus dem Niederdeutschen. Ein Beispiel ist der Wachtturm »Kiek in de Kök« in Tallinns Stadtmauer: Ein Wachposten musste schließlich wissen, was in der Küche kochte. Meist war es wohl eine *supp* ...

Estland besitzt 3800 km Küste – da bleibt genug Platz, um zu träumen …

Esten gelten als Individualisten, als wortkarg und schweigsam. Gerade auf dem Land gilt Schweigen durchaus als Art der Kommunikation. Im Volksmund heißt es, man müsse ein Pfund Salz zusammen essen, bevor man einander kenne. Freundschaften schließen die Menschen nicht schnell, dann aber halten sie oft ein Leben. Auch bei Anerkennung sind die Esten zurückhaltend: »Das ist normal« ist das wohl höchste Lob, das ein Este erteilt, wenn etwas sehr gut gelungen ist.

Von Anfang Mai bis Mitte Juli wird es nicht völlig dunkel, dann beschwingen die »weißen Nächte« die Seelen der Esten. Rund 19 Stunden dauert der längste Tag. An Mittsommer feiert das ganze Land mit Sonnenwendfeuern in der Johannisnacht die Leichtigkeit des Lebens. Dem nordischen Sommer kann bereits Ende August ein far-

» Im Sommer wird es niemals ganz dunkel «

benprächtiger Herbst folgen, bevor ein schneereicher Winter mit Minustemperaturen von bis zu 20 Grad vom Land Besitz ergreift.

Seit dem EU-Beitritt entdecken immer mehr Urlauber Estland. Natürlich fesselt Tallinn mit seiner 700-jährigen Architekturgeschichte, dem Flair einer hanseatischen Metropole und seinem Kultur- und Nachtleben die Touristen. Doch auch auf den Inseln und im Binnenland mit Städtchen wie Kuressaare, Põltsamaa, Võru und Viljandi gibt es viel zu entdecken: romantische Burgruinen, restaurierte Gutshäuser, Kirchen, Leuchttürme, Windmühlen. Und nicht zuletzt wunderbare Landschaften. In der Stille der Natur dieses Landes lässt sich Kraft schöpfen. Die große Gastfreundlichkeit der Menschen tut ein Übriges, Besucher werden es spüren: »Estonia: 12 Points.«

Von Sängern und gesammelten Genen

Beim Aufbruch in die globalisierte Welt steht Estland fest auf dem Fundament seiner Traditionen

Baltischer Tiger

Wenn der Begriff vom »baltischen Tiger« zutrifft, dann auf Estland. Das Wirtschaftswachstum betrug 2004 stolze 6,5 Prozent. Mehr als zwei Drittel seines Außenhandels wickelt das Land mit der EU ab. Prosperierende Branchen sind die Holzwirtschaft, die Papier- und Zelluloseproduktion und die Möbelindustrie. Aber auch in der Chemieindustrie, in der Elektronikbranche und in der Textilwirtschaft sind estnische Unternehmen aktiv. Dass in estnischen Mooren der Torf für deutsche Gärten und Gewächshäuser gestochen wird, dürfte wenig bekannt sein, ebenso, dass Estland Strom produziert und exportiert, den es durch die Verbrennung von Ölschiefer gewinnt. Um die damit verbundenen ökologischen Probleme zu lösen, wird erheblich in den Umweltschutz investiert. Die Arbeitslosigkeit ist regional sehr unterschiedlich: Im Osten sind es 18 Prozent, auf Saaremaa nur 4.

Deutschbalten

»Das Land der Esten war, ist und bleibt gleichfalls die Heimat der

Ob jung, ob alt – ein jeder Este liebt die bunten Sängerfeste

Deutschbalten«, hat Lennart Meri, Estlands erster Staatspräsident nach 1991, wiederholt betont. Als Unterdrücker und Förderer der Esten zugleich prägten sie das Land. Deutsche Ordensritter missionierten Estland mit dem Schwert. Deutsche Hanse-Kaufleute bauten den Fernhandel zwischen Ost und West auf und gründeten Städte. Im Zuge der deutschen Ostsiedlung folgten ihnen Handwerker, Gelehrte, Ärzte. Deutsche Geistliche predigten das christliche Wort und übersetzten die Bibel ins Estnische. Pastoren und Gelehrte waren es auch, die die Aufklärung ins Land brachten.

Aus den Ordensrittern ging der deutsch-baltische Adel hervor, der große Teile des Landes in Besitz hielt. Schwedische und polnische Könige und die Zaren bestätigten dessen Privilegien immer wieder. Die Enteignung nach 1920 beendete die Zeit der deutschen Barone. 1934 lebten noch 21 000 Deutsche in Estland, ehe sie Adolf Hitler 1939 »heim ins Reich« rief, 1944 flohen die letzten. Knapp 50 Jahre sowjetischer Herrschaft haben die Erinnerung an das einst wechselhafte Verhältnis zwischen Deutschen und Esten in das milde Licht der Erinnerung getaucht.

Die »Estonia«

Es war das schwerste Schiffsunglück in der europäischen Nachkriegszeit: Am 28. September 1994 sank die Ostseefähre »Estonia« in einem Herbststurm nachts auf der Fahrt von Tallinn nach Stockholm. 852 Menschen starben. Der Untergang des Schiffs traf die kleine Baltenrepublik schwer: 284 Opfer waren Esten. In fast jeder estnischen Gemeinde gab es Bindungen zu den Opfern, die Besatzung stammte aus Estland, das Schiff gehörte einer estnischen Reederei. Mit dem Schiffsnamen sank symbolisch auch Estland in die Tiefe.

Die Unglücksursache ist bis heute ungeklärt. Zwar benannte der Abschlussbericht die defekte Bugklappe als Auslöser für das Kentern der Fähre, doch andere Experten sprachen von einem Bombenanschlag als denkbarer Folge eines mafiösen Waffenhandels. Auftrieb erhielt diese These, als im November 2004 offiziell bestätigt wurde, dass Schwedens Geheimdienst die Fähre für geheime Transporte militärischer Güter aus Russland nutzte. Im Dezember 2004 ordnete die schwedische Regierung eine erneute Untersuchung an, deren Ergebnis noch offen ist. Die »Estonia« hält die Esten noch immer fest. Der 28. September ist ein landesweiter Gedenktag. In vielen Städten, wie in Tartu, Pärnu, Võru oder auf Hiiumaa, stehen Estonia-Monumente.

Gesammelte Gene

In Tartu bauen estnische Wissenschaftler die weltweit größte Gen-Datenbank auf. Erfasst werden die kompletten Angaben zu Krankheitsgeschichten und Erbgutstrukturen aller Esten im Land, etwa 1 Mio. Menschen. Der Vergleich der Daten einer vollständigen Volksgruppe bietet die Chance, die Veranlagung für Erbkrankheiten frühzeitig erkennen zu können. Das Hightech-Orakel soll es Forschung und Biomedizin ermöglichen, neue Medikamente zielgerichtet zu entwickeln und so ein Ausbrechen bestimmter Krankheiten überhaupt zu unterbinden.

Die Datenverwaltung wird staatlich kontrolliert. Das genetische Material soll überwiegend in Estland analysiert werden. Angestrebtes Ziel: Gründung von Biotechfirmen und Ansiedlung ausländischer Unternehmen. Die Esten sind mehrheitlich einverstanden mit der Auswertung ihrer sensiblen Daten.

Kalevs Sohn

Kalevipoeg, der »Sohn Kalevs«, ist das Nationalepos Estlands. Es ist vergleichbar mit der deutschen Nibelungensage und ähnelt dem finnischen Nationalepos »Kalevala«. Friedrich Reinhold Kreutzwald aus Võru in Südestland hat es ab 1853 erstmals schriftlich zusammengefasst. Der *Kalevipoeg* ist eine Sammlung von rund 20 000 Versen aus Sagen, Gedichten und Volksliedern mit Episoden aus dem Leben des mythischen Riesen. In der Legende schleudert Kalevipoeg Felsen nach seinen Gegnern, er gestaltet Landschaften und gründet Städte.

In Estland ist nahezu jeder Findling, jeder Hügel, jeder See mit einer Legende verknüpft, und der *Kalevipoeg* bildete im 19. Jh. eine der kulturgeschichtlichen Grundlagen für die Entwicklung des Nationalgefühls der Esten, für die so genannte »nationale Selbstfindung«.

Protestantisch schlicht: das Innere der Elisabethkirche in Pärnu

Luthertum und leere Kirchen

Estland ist ein zutiefst protestantisches Land. Eigentlich. Die Reformation erreichte Reval schon 1523. Doch trotz des Endes der Sowjetzeit hat es die lutherische Kirche in Estland schwer und kämpft um ihre Position in der neuen Gesellschaft. Zwar unterstützt der Staat die Restaurierung mancher lutherischer Gotteshäuser – wie der Alexanderkirche im überwiegend von Russen bewohnten Narva – aus kulturellstaatspolitischen Gründen, doch rechtlich betrachtet ist die Kirche ein Verein wie ein Fußballklub eben auch, mancherorts nur mit weniger Mitgliedern. Knapp 200 000 Esten (etwa 11 Prozent der Bevölkerung) bekennen sich zum lutherischen Glauben, 130 Pastoren betreuen etwa 175 Kirchengemeinden.

Mit den Zaren brachten die Russen ihre Zwiebeltürme nach Estland. Die russisch-orthodoxe Kirche stellt die zweitgrößte Glaubensgemeinschaft im Land, doch insgesamt gehört nur etwa ein Drittel der Bevölkerung einer Religionsgemeinschaft an.

Mehrheit und Minderheiten

Nach den Esten mit 68 Prozent bilden die Russen mit 26 Prozent die größte Bevölkerungsgruppe, gefolgt von Ukrainern und Weißrussen mit 2 und 1 Prozent. Ein belastendes Erbe der »Russifizierung« in der Sowjetzeit. Die Einwanderer passten sich weder sprachlich noch kulturell den Esten an. Russisch war Amtssprache, alles Estnische wurde unterdrückt. Man lebte nebeneinander her. Nach der Unabhängigkeit blieben viele der ungebetenen Gäste. Die Staatsbürgerschaft kann jeder Einwohner erhalten – wenn er die estnische Sprache beherrscht, einen Verfassungseid leistet, Kenntnisse über Geschichte und Kultur

Estlands nachweist und mindestens fünf Jahre im Land lebt. So haben 12 Prozent der Bevölkerung immer noch keine Staatsangehörigkeit – im Mai 2004 waren das rund 162 000 Menschen. Sie haben einen Status als »ständige Bewohner«. Mit ihrem Fremdenpass *(Välismaalase Pass)* sind sie auch keine EU-Bürger, und ohne Visum geht nichts. Die Folge: An den Grenzkontrollen stehen Estlands Bewohner in getrennten Schlangen: »EU-« und »Nicht-EU-Bürger«; der Pass trennt ihre Wege.

Sängerfeste

Ein Este ohne Gesang? Unvorstellbar. Doch singt er ungern allein. Schulen, Firmen, Behörden, Dörfer – alle haben ihren eigenen Chor. Alle fünf Jahre messen sich die besten Chöre beim großen nationalen Sängerfest, dem *Laulupidu* in Tallinn. Wenn an dessen Ende der Gesang von mehr als 21 000 Stimmen von der gewaltigen Bühne zum Himmel emporsteigt, dann erklingt der wohl größte Chor der Welt. Aber mehr noch gibt der Gesang von Alt und Jung dem Gefühlsleben und der Verbundenheit eines kleinen Volks Ausdruck.

Die Sängerfeste sind die wichtigsten nationalen Kulturfeste der Esten. Die ersten Chöre entstanden im 19. Jh. Zum ersten gesamtestnischen Sängerfest 1869 kamen 822 Teilnehmer in die Universitätsstadt Tartu. »Mu isamaa on minu arm« (»Mein Vaterland ist meine Liebe«) hieß eines der gerade zwei Lieder, die sie auf Estnisch sangen. Geschrieben hat es die Nationaldichterin Lydia Koidula. In den Folgejahren erschienen immer mehr Esten zu den Sängerfesten, und das Repertoire erweiterte sich. Heute verwahrt das estnische Literaturmuseum 1,3 Mio. Blätter mit Volksliedern, und Koidulas Lied sollte in sowjetischer Zeit zum Symbol des Beharrens auf der eigenen Tradition, der nationalen Identität und der

Land der Bücher

Trotz Internet – Estland ist auch heute noch vom Zauber des Gedruckten erfasst

Der Papst der estnischen Gegenwartsliteratur ist Jaan Kross. Der Schriftsteller hat eine Reihe von historischen Romanen über seine Heimat, das Zarenreich und die Deutschbalten geschrieben, so z. B. »Der Verrückte des Zaren«. Ins Deutsche übersetzt sind auch »Professor Martens' Abreise« und »Leben des Balthasar Rüssow«. Eine Darstellung der estnischen Geschichte gibt der deutsche Historiker Michael Garleff in »Die baltischen Länder«. Vor der Sowjetzeit war Estland das Land Europas, in dem pro Kopf der Bevölkerung die meisten Bücher publiziert wurden. Wissenswertes zur Literaturgeschichte: *www.estonica.org*. Das literarische Zentrum ELIC bietet u. a. Textproben übersetzter Autoren an: *www.estlit.ee*.

Estlands unberührte Natur besitzt ideale Reviere für den Einzelgänger Elch

Selbstbestimmung der Esten werden. Gesungen wird auf vielen regionalen Sängerfesten, aber für das große in Tallinn müssen sich die Chöre in harten Auswahlwettbewerben qualifizieren. 2009 ist es wieder so weit.

Saunaleidenschaft

Der Saunabesuch ist für die Esten ein zum Leben gehörendes Ritual. Hier werden Körper, Geist und Seele frei. Die Esten saunieren mit Aufgüssen, und selbstverständlich gehört das »Peitschen« mit Birkenreisig dazu – damit der Kreislauf wirklich anspringt. Es ist nicht selten, dass Gäste zum gemeinsamen Saunagang eingeladen werden. Ein solches Angebot sollten Sie annehmen, denn in Estland lässt sich so manches in der Sauna leichter als auf »offizieller« Ebene besprechen. Viele Geschäftspartner kennen sich also auch nackt. Noch etwas: In Estland kennt man keine gemischte Sauna.

Tierwelt

Dank seiner dünnen Besiedlung ist Estland ein Naturparadies. Ornithologen haben exakt 333 Vogelarten im Land nachgewiesen. In Europa selten gewordene Arten wie Auerhahn und Schwarzstorch finden hier noch ihr natürliches Revier. Durch die weiten, unberührten Hochmoore und Wälder ziehen Elche, rund 10 000 sollen es sein. Auch die großen Räuber, einige Hundert Wölfe, Bären und Luchse, stellen dort ihrer Beute nach: Rotwild, Rehen, Wildschweinen. An Flüssen und Seen bauen Biber ihre Burgen, Seehunde aalen sich an der Ostseeküste im Sand. Und im Nationalpark Vilsandi, an den einsamen Stränden der Insel Innaharu, bringen die seltenen Ostsee-Kegelrobben ihren Nachwuchs zur Welt.

Kräftig, deftig, herzhaft

In Estlands Kochtöpfen dreht sich vieles ums Schwein – aber nicht alles

Nein, Feinschmecker haben für die estnische Küche nicht am Herd gestanden. Das Essen erinnert eher an Großmutters Küche – bodenständig, schmackhaft und relativ schwer. In der Kochkultur spiegelt sich die Geschichte des Landes wider. *Sült* – Sülze, Schweinefleisch in Aspik – wird zumeist mit Sauerkraut *(hapukapsad)* gegessen und steht ganz oben auf dem Speisezettel. Der Einfluss deutscher Küchenmeister ist unverkennbar, aber auch russische Gerichte dampfen in den Töpfen der Esten. Etwa die *seljanka:* Mit Fleisch- und Wurstresten, geriebenen Möhren, gerösteten Zwiebeln, sauren Gurken, Oliven, Kohl, Gewürzen sowie etwas Dill, Zitrone und einem Schuss saurer Sahne wird diese Suppe zum aromatischen Erlebnis. Ganz pragmatisch haben sich die Esten die Kochkunst ihrer langjährigen Beherrscher zu Eigen gemacht.

»Jätku leiba« – »Möge Ihr Brot reichen« – sagen die Esten traditionell, wenn sie einen guten Appetit wünschen. Das ist Ausdruck einer Zeit, in der der Tisch nicht so reichhaltig gedeckt war wie heute. Die so genannte Armeleuteküche haben die Esten zur Perfektion entwickelt. Mit allem, was Wald, eigener Garten und Hausschlachtung hergeben, wird gezaubert. Sauerkraut, Schweinefleisch, Würste jeglicher Art, Milch, Quark, Kartoffeln, Roggen, Gerste sowie Beeren und Pilze finden sich in vielen Gerichten.

Typisch sind auch Fischspeisen in verschiedenster Zubereitung, vorzugsweise geräuchert oder mariniert. *Rosolje* – Heringssalat mit Roter Bete, gekochten Kartoffeln und hart gekochten Eiern – liegt auf der Beliebtheitsskala ganz vorn oder *kalatort,* eine salzige Fischtorte.

Traditionell wird in Estland schon morgens warm gegessen. Pfannkuchen, Kartoffelpuffer oder Rührei stärken den Magen, ab Spätsommer auch Omelett mit frischen Pilzen. Doch alternativ gibt es zu Roggenbrot und Weißbrot Marmelade, Wurst, oft geräucherten Käse. Dazu kommen eingelegte Gurken, Zwiebeln oder Pilze. Steinpilze *(puravik)* und Pfifferlinge *(kukeesened)* sind am beliebtesten. Eine besondere Schwäche haben die Esten für *kama,* ein grobes Pulver aus gerösteter Gerste, Hafer und Roggen, Erbsen und schwarzen Bohnen. Es findet sich in vielen Gerichten. Mit

Speisen in avantgardistischem Interieur: Hotel Olümpia in Tallinn

Estnische Spezialitäten

Lassen Sie sich diese Köstlichkeiten gut schmecken!

frikadellisupp – kleine Fleisch-bällchen, die mit Gemüse, kleinen Nudeln, Petersilie, Lauch und Dill gekocht werden

hapukapsabors – Borschtsch mit Sauerkohl

heeringas hapukoore ja sibulaga – Hering mit Schmand und Zwiebeln

hernesupp – Erbsensuppe

kalapiimasupp – Milchsuppe mit Fisch

kapsarullid – Krautrouladen, mit Hackfleisch gefüllt

kotletid – Frikadellen aus Schweine- oder Rinderhack

kringel – süßes Mandelgebäck in Brezelform

küüslauguleivad – Schwarzbrot-scheiben, mit Öl und Knoblauch in der Pfanne gebraten (zur Suppe)

leivasupp – Roggenbrotsuppe mit Honig, Apfelstücken und Rosinen

mulgi kapsad – geschmortes Schweinefleisch mit Sauerkraut und Graupen

mulgi puder pekikastmega – südestnischer Kartoffelbrei mit Schinkensud

pannkoogid – Pfannkuchen: herzhaft gefüllt mit Fleisch, Kohl, Quark, Pilzen, aber auch süß mit Obst- oder Beerenkonfitüren

pannkoogid moosiga – gerollter Pfannkuchen mit Marmelade

pirukad – mit Fleisch und Gemüse gefüllte Teigtasche

praeleib kuuslaauga – geröstetes, salziges Knoblauchbrot, beliebter Snack zum Bier

rosolje – Salat mit Kartoffeln, Ei, Roter Bete und Matjes oder Hering

saslik – pikante Fleischspieße, oft an Grillständen angeboten

silgurulid – gerollter Strömling mit Möhren, Zwiebeln und Pfeffer. Kommt dem deutschen Rollmops nahe

silgusoust – Sprotten, gebacken in Sauercreme

sült – Sülze (wie in Deutschland)

taidetud basikarind – gefüllter Kalbsbraten

verivorst – Blutwurst, im Ofen geschmort, die mit gekochten Kartoffeln und Heidelbeer- oder Preiselbeermarmelade zu Weihnachten serviert wird

veskikivid – »Mühlensteine«: paniertes Schweinefleisch, gebra-ten mit Ananas und Kartoffeln

Milch oder Buttermilch und Honig verrührt ist es ein beliebter Brei zum Frühstück, mit Kefir vermischt und gekühlt lässt es sich gut trinken. Ansonsten gibt es Tee oder Kaffee. Letzterer hat es in sich. Das Pulver wird direkt in der Tasse aufgebrüht. Das Ganze nennen die Esten nicht türkischen Mokka, sondern stolz »estnischen Kaffee«. Und den gibt's rund um die Uhr.

Die Hauptmahlzeit ist das Mittagessen. Beilagen zu vielen traditionellen Gerichten sind gekochte Kartoffeln oder Kartoffelpüree, häufig mit Dill gewürzt. Generell wird das Essen eher gegart als gebraten. Gekochtes Gemüse jedoch ist selten zu finden. Kohl, Sellerie und Möhren werden wie Gurken, Kürbis und Rote Bete eingelegt oder als Rohkostsalat serviert. Als Vorspeisen stehen meist Suppen auf dem Tisch, abgeschmeckt mit etwas Sauerrahm. Zum Dessert gibt es Grießpudding oder Kompott aus Äpfeln, Blau- oder Preiselbeeren.

Warme Speisen sind auch abends im Angebot. Beispielsweise mit Fleisch, Quark oder Pilzen gefüllter Pfannkuchen *(pannkoogid)*. Auf jedem Fest dabei ist der *kartulisalad,* Kartoffelsalat mit gekochten Möhren, Erbsen, sauren Gurken, Zwiebeln, Sahne und Mayonnaise.

In allen größeren Städten Estlands hat die estnische Küche internationale Konkurrenz erhalten, wird indisch, griechisch, chinesisch oder koreanisch gekocht. Pizzas, Steaks, Spaghetti, alles ist im Angebot. Speziell in Tallinn ist die Auswahl riesig. Wollen Sie estnisch essen gehen, besuchen Sie eines der Restaurants mit ausgewiesener Landesküche. Dort trägt das Personal häufig auch landestypische Tracht.

Zum guten Essen gehört in Estland ein Bier. Im Sommer werden überall Bierfeste, »Õllefeste«, gefeiert, denn auf ihre Brautradition sind die Esten ziemlich stolz. Die bekanntesten nationalen Biere sind *Saku Originaal* der gleichnamigen Brauerei und *A. le Coq,* das in Tartu gebraut wird. Saku schmeckt würzig, während le Coq wegen des etwas süßeren, schweren Geschmacks geschätzt wird. Auch beliebt sind *Palmse* (Dunkelbier) und *Toolse* (Leichtbier) der Viru-Brauerei. Speziell auf Saaremaa sind die Insulaner berühmt für ihre Heimbraukunst. Zum Bier gibt es oft spezielle Snacks, beispielsweise *kuivatatud tindikalad,* kleine getrocknete Fischchen, die sehr salzig schmecken. Bei Flaschenbieren geben sich die Esten nicht mit Halbliterflaschen ab: 1- und 2-l-Flaschen sind in Supermärkten durchaus üblich.

Hochprozentiges wie Wodka wird seltener getrunken als in der Sowjetzeit, dafür ist *likööride* im Kommen, etwa Moosbeerenlikör. Der gängigste Likör heißt *Vana Tallinn:* Dem »Alten Tallinn« mit seinem milden Rumgeschmack verleihen Zitronenöl, Zimt und Vanille Aroma. Die Esten trinken ihn zum Dessert oder bei einer Tasse Kaffee. Wein ist weniger populär. Aber Achtung: Wein heißt *vein* auf Estnisch und nicht *viin.* Das ist Schnaps. Als Erfrischungsgetränk bietet das limonadenähnliche *kali* Säften oder Cola erfolgreich Paroli. Es lässt sich auch schnell selbst herstellen: 2 kg Brot, 10 l Wasser, Pfefferminzhalme, Schwarze Johannisbeerzweige, Honig oder Zucker, 50 g Hefe, Hopfenwasser, Milch – alles mischen und in einem Eimer gären lassen. Wohl bekomm's.

Holzschnitzereien und Pullover

Das Angebot an Kunsthandwerklichem ist groß, und die estnischen Designer sind filigrane Künstler

Estlands Handwerk ist berühmt für seine Strick- und Wollwaren. Speziell handgestrickte Pullover von der Insel Kihnu haben einen Ruf unter Kennern. Ihre Träger sollten allerdings ziemlich kratzfest sein. Früher soll jedes Dorf, jede Insel ein eigenes Strickmuster gehabt haben – prächtige Zopfmuster, Blumen- und Schneeflockendesigns –, angeblich auch deshalb, weil so auf der Ostsee vermisste Seeleute leichter identifiziert werden konnten. Auf jedem Markt ins Auge fallen auch Fäustlinge aus Schafswolle mit ihren althergebrachten geometrischen Mustern und Farben.

Wahre Künstler sind die Esten im Umgang mit Holz und Leder. Geschnitzte Bierkrüge, Buttermesser und Holzlöffel sowie Brotbretter aus Wacholderholz erinnern an die Zeiten ihrer ländlichen Lebensweise. Filigrane Schatullen aus Leder oder hauchdünner Birkenrinde sowie in Leder eingeschlagene Bücher zeugen von Kreativität und handwerklicher Fertigkeit.

Von anerkannt hoher künstlerischer Qualität ist das estnische Design. Ausgefallene, avantgardisti-

Modische Bastion hinter hölzerner Fassade: shoppen in Pärnus Altstadt

sche Stücke finden sich bei farbigen Glasarbeiten, Keramiken, Textilien und beim Schmuck. Speziell in Tallinn gibt es etliche Galerien, Ateliers und Boutiquen, die einen Hauch von Exklusivität vermitteln.

Generell bieten die größeren Städte ein umfassendes Angebot an Einkaufsmöglichkeiten: Einkaufszentren mit 40 und mehr Geschäften, riesige Supermärkte und Kettendiscounter finden sich in Tallinn, Tartu, Narva und Pärnu. Auf dem Land wird das Angebot schon erheblich kleiner. Dorfläden befinden sich häufig neben der Tankstelle.

Wollen Sie etwas fürs leibliche Wohl mit nach Hause nehmen, dann ist hochprozentig Aromatisches ein geeignetes Mitbringsel. Die Esten haben ein Faible für Fruchtliköre und den Rumlikör *Vana Tallinn* – ein Kultgetränk. Natürlich gibt es auch Wodka: *Viru Valge* und *Saaremaa* heißen die estnischen Sorten. An Süßigkeiten sollten Sie Pralinen oder Schokolade der Traditionsmarke *Kalev* einpacken.

Die Geschäfte sind in der Regel von 9 bis 19 Uhr geöffnet, auch samstags. In Tallinn haben viele Geschäfte und die großen Kaufhäuser sieben Tage die Woche teilweise bis 23 Uhr offen.

Feste, Events und mehr

Im Frühling und Sommer wird überall im Land gefeiert, gesungen und getanzt

Esten sind Patrioten und daher stolz auf ihr Land und ihre Unabhängigkeit. Es ist eine Folge ihrer wechselhaften Geschichte, dass sie

Fee auf Tallinns Mittelaltermarkt

eigentlich zwei Nationalfeiertage haben. Den Unabhängigkeitstag von 1918 und den Tag der wiedererlangten Freiheit im August 1991. An einem symbolischen Siegestag gedenken sie zudem ihrer Wehrhaftigkeit. Dazu kommen noch die kirchlichen Feiertage. Und wenn es um die Musik geht, kennen die Esten erst recht kein Halten mehr.

Sie feiern ihre Trachtenfeste, Chortreffen, Volksmusiktage, Klassik-Konzertfeste oder Pop- und Jazzfestivals zu jeder Jahreszeit. Das kulturelle Angebot des kleinen Landes birst förmlich vor hochklassigen Veranstaltungen.

Feiertage

1. Januar Neujahr; **24. Februar** Unabhängigkeitstag – Gründungstag der Republik Estland 1918; **Karfreitag; Ostermontag; 1. Mai** Tag der Arbeit; **23. Juni** Fest des Sieges *(Vöidupüha)* – 1919 besiegte die estnische Armee die deutsch-baltische Heimwehr in der Schlacht von Vönnu (Cesis); **24. Juni** Johannistag; **20. August** Tag der wiedererlangten Unabhängigkeit 1991; **25./26. Dezember** Weihnachten

Feste und Veranstaltungen

März
Ende März: Kinder und Jugendmusikfest *Muusikamoos* in Pärnu

April
Anfang April: *Tage der Estnischen Musik* (www.ehl.kuhl.ee).
Mitte/Ende April: *Studententage* in Tartu – Highlife in Bars und Diskos *(www.studentdays.ee)*.

Letzte Aprilwoche: internationales Jazzfestival *Jazzkar* in Tallinn (*www.jazzkaar.ee*).

Mai
Ende Mai: internationales *Chorfestival* in Pärnu.

Juni
Anfang Juni: *Altstadttage* in Tallinn – Budenzauber, Konzerte, Aufführungen und Trachtenfest.
Mitte Juni: *Grillfest* in Pärnu – große Sommerparty mit Livemusik und Barbecue.
23./24. Juni: landesweite nächtliche Feiern zur *Sommersonnenwende* mit Johannisfeuern, Speisen, vielen Getränken und viel Tanz.

Juli
Erste Juliwoche: *Biersommer* auf dem Sängerplatz in Tallinn – die größte Hopfenfete im Baltikum (*www.ollesummer.ee*).
Mittelalterliche Markttage auf dem Rathausplatz in Tallinn.
Mitte Juli: internationales *Folklorefestival* in Võru – die kleine Stadt verwandelt sich für einige Tage in eine Bühne für Trachten, Volksmusik und Handwerkskunst (*www.werro.ee/folkloor.html*).
Mitte Juli: *Watergate* in Pärnu – Sommerfestival rund ums Wasser (*www.watergate.ee*).
Ende Juli: *Operntage* in Kuressaare auf Saaremaa (*www.operadays.ee*).

August
Mitte August: *Festtage der »Weißen Dame«* in Haapsalu – Stadtfest rund um eine Legende.
Ende August: *Sommer-Abschlussfest* der »Sommerhauptstadt« Pärnu – traditioneller Tanz am Strand, und 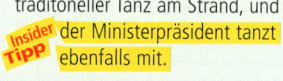 der Ministerpräsident tanzt ebenfalls mit.

September
Mitte September: *Studententage* in Tartu – Openend in Kneipen und Diskos; Konzerte, Bandwettbewerbe.
Ende September: internationales *Fest der orthodoxen Kirchenmusik* in Tallinn (*www.orthodoxsingers.com*).

Oktober
Anfang Oktober: internationales *Festival alter Musik* in Tartu (*www.festivitas.ee*).

Dezember
Ende November bis Heiligabend: *»Es weihnachtet in Tartu«*, in der klassizistischen Stadtmitte.
Weihnachtsmarkt auf dem Rathausplatz in Tallinn.

Folklore bei Tallinns Altstadtfest

Lebendige Stadt mit hanseatischem Flair

Estlands Kapitale restauriert ihren mittelalterlichen Kern – und die Region blüht langsam auf

🗺 **Karte in der hinteren Umschlagklappe**

Aus grauer Städte Mauern hat sich Estlands Hauptstadt Tallinn **[111 E–F1]** binnen weniger Jahre befreit, den morbiden Charme der Sowjetzeit abgeschüttelt. Allerorts wird renoviert, restauriert, erneuert. Der Glanz des alten Reval, der einstigen Hansestadt, spiegelt sich heute wider in den blank geputzten Fenstern der Tallinner Altstadt *(Vanalinn)*. Enge, verwinkelte Gassen mit dickem Kopfsteinpflaster – der Atem des Mittelalters empfängt Besucher an jeder Ecke. In warmen Pastellfarben frisch getünchte, spitzgiebelige Häuser mit den traditionellen Zeichen der Handwerkszünfte und Kaufmannsgilden, beeindruckende Kirchen, mächtige, alte Stadtmauern mit imposanten Wehrtürmen sind kraftvolle Zeugnisse einer anderen Zeit. Gotik, Renaissance, Barock, Klassizismus – 700 Jahre Architekturgeschichte sind in Tallinn vereint.

Tallinns Altstadt ist zweigeteilt. Die Oberstadt, der Domberg *(Toompea),* gilt als ursprünglicher Stadtkern. Hier um die alte Ordens-

Tallinns Altstadt: moderne Läden in mittelalterlichen Mauern

Tallinn ist wieder postkartentauglich

burg und die Domkirche wohnten einst die Adligen, der Klerus, die Herren des Deutschen Ritterordens. Von dort schauten sie herab auf die aufblühende Unterstadt zu den hanseatischen Kaufleuten und Handwerkern, die wiederum das Fundament für den Wohlstand Revals legten. Die Hansezeit vom 14. bis zum 16. Jh. gilt als goldenes Zeitalter Tallinns. Eine befestigte Mauer trennte beide Teile der Altstadt voneinander, die 1997 als komplettes Ensemble in das Weltkulturerbe der Unesco aufgenommen wurde.

Mehr als 30 Museen sowie viele Baudenkmäler bereichern den Stadtkern. An hellen Sommertagen vermitteln die vielen Straßencafés in den Gassen und auf dem Rathausmarkt das Gefühl, in einer mediterranen Stadt zu flanieren. Res-

10 Prozent der Esten sind russisch-orthodoxen Glaubens: Nevski-Kathedrale

taurants mit Küchen aus vieler Herren Länder, Galerien und Kunsthandwerksläden in Torbögen und Seitengassen faszinieren durch ihre Vielfalt. Und in den in mittelalterlichen Gewölben versteckten Kneipen, Clubs, Musikbars und Jazzkellern pulsiert das Nachtleben.

In einem Ring um den Altstadtkern hat sich das Geschäftsleben einer »neuen Hanse« etabliert: Einkaufszentren, Hotels, Medien, Banken. Das hanseatisch-skandinavische Flair der quirligen Stadt fesselt Gäste und Einheimische gleichermaßen. Tallinn als politisches und wirtschaftliches Zentrum besitzt Magnetwirkung auf ganz Estland.

Mit knapp 400 000 Ew. lebt fast ein Drittel der Landesbewohner in der Hauptstadt. Nimmt man den angrenzenden Landkreis Harjumaa mit seinen 123 000 Ew. und die nördlichen Gebiete von Raplamaa und Järvamaa hinzu, so ist diese Region die am dichtesten besiedelte

des Landes. Und doch ist von der fieberhaften Betriebsamkeit der City bei einer Fahrt mit der ruckeligen Straßenbahn schon ein paar Haltestellen weiter nichts mehr zu spüren. Die Ruhe des Landes überträgt sich auf die Stadtränder:

Tallinn ist nicht Estland. Doch die Stadt hat noch eine andere Seite: die Trabantenstädte. Insbesondere die Richtung Narva gelegene Plattenbausiedlung *Lasnamäe* bietet ein Bild sozialistischer Tristesse. In den Wohnsilos leben ca. 100 000 Menschen, überwiegend Russen. Sie stellen etwa 40 Prozent aller Bewohner Tallinns. Nur im Osten Estlands und in Paldiski ist die Überfremdung höher.

SEHENSWERTES

Führungen durch die Altstadt mit deutschsprachiger Begleitung können Sie bei der *Touristinformation (Niguliste 2/Kullassepa 4)* buchen.

Preis: pro Stunde etwa 350 EEK (mind. 1,5 Std.). Einen Audioguide in deutscher Sprache kann man für 4 Stunden mieten, Preis: 255 EEK.

Domberg (Toompea)

★ Der Domberg ist das Wahrzeichen der Stadt. Auf ihm befand sich einst eine befestigte Siedlung der alten Esten, bevor die Dänen und danach der Deutsche Ritterorden hier eine Burg errichteten. Die imposanteste Sehenswürdigkeit auf dem steilen Kalkfelsen ist die mittelalterliche *Ordensburg*, von der ein Teil dem Barockschloss von Zarin Katharina II. weichen musste. Heute ist es Sitz des estnischen Parlaments *Riigikogu (Lossi plats 1a).* Von der im 13./14. Jh. erbauten Burg ist an ihrer Südwestecke als größter Turm der 48 m hohe »Lange Herrmann« *(Pikk Hermann)* erhalten geblieben. Auf ihm weht stolz die estnische Flagge. *Führun-*

gen durch die Burg Mo–Fr 10–16 Uhr, Anmeldung bei der Parlamentsverwaltung, Tel. 631 63 57 u. 631 63 45, maria.laatspera@riigiko gu.ee und kaido.tee@riigikogu.ee

Direkt gegenüber vom Parlament ragt die orthodoxe *Alexander-Nevski-Kathedrale (tgl. 8–19 Uhr)* mit ihren fünf schwarzen Zwiebeltürmen empor. Der gewaltige Kirchenbau sprengt die Harmonie der Domberg-Architektur. Mit seiner Errichtung Ende des 19. Jhs. dokumentierte der Zar seinen Machtanspruch. Sonntagsfrüh verschafft sich Russland Gehör, dann hallt die mächtige Glocke über der Oberstadt und ruft zum Gebet.

In Rufweite entfernt steht die mächtige *Domkirche (Toom kirik).* Die lutherische Hauptkirche Estlands aus dem 13. Jh. *(im Sommer Di–So 9–17 Uhr, im Winter 9–15 Uhr)* zählt zu den ältesten Gotteshäusern des Landes. 107 Wappen-

MARCO POLO Highlights
»Tallinn und Umgebung«

★ **Domberg (Toompea)**
Die Herrschenden wollen immer auf den Domberg – der Ausblick ist so schön (Seite 29)

★ **Stadtmauer (Linna müür)**
Trotzte einst den Feinden und bietet nun schöne Plätzchen für Museen und Cafés (Seite 33)

★ **Katharinental (Kadriorg)**
Zar Peter baute es als Super-Sommerdomizil für seine Gattin (Seite 30)

★ **Olde Hansa**
Bei Fackellicht ungezwungen essen und trinken wie im Mittelalter (Seite 35)

★ **Rocca al Mare**
Estland wie aus dem Bilderbuch, aber doch mehr als ein Museum (Seite 41)

★ **Lahemaa-Nationalpark (Lahemaa rahvuspark)**
Ein Naturparadies an der Ostsee mit wilden Tieren und schönen Gutshäusern (Seite 39)

schilde deutsch-baltischer Adelsfamilien wie derer von Stackelberg oder derer von Manteuffel zieren die Innenwände. Ebenso sind Grabsteine von Persönlichkeiten der estnischen Geschichte erhalten, wie der des Weltumseglers Adam Johann von Krusenstern.

Einen wunderbaren Panoramablick auf die Unterstadt mit ihren Türmen, den Rathausplatz, den Hafen und die Tallinner Bucht ermöglicht der ✲ *Aussichtspunkt am Ende der Kohtu-Straße.* Von dort sieht man zugleich die neue City mit ihren Wolkenkratzern emporwachsen. Ein ebenso faszinierender Blick auf die Stadtmauer, die St.-Olai-Kirche und die Kopli-Halbinsel bietet sich am ✲ *Ende der Rahukohtu-Straße.* Von dort führt die 1903 gebaute *Patkulsche Treppe* in die Unterstadt. Doch ist es schöner, den *Langen Domberg (Pikk jalg)* hinunterzugehen. Im Mittelalter war er die Hauptverbindungsstraße zum Domberg. Der *Kurze Domberg (Lühike jalg)* ist der schnellere, steilere und im Winter oft gefährlich vereiste Fußweg in die Unterstadt.

Auf dem gesamten Domberg findet sich Geschichte pur. Die einstigen Stadthäuser des deutsch-baltischen Adels in der Kohtu-Straße dienen heute als Botschaften oder Museen. Das *Stenbockhaus (Rahvakohtu 3)* ist Sitz der Regierung. Im Haus der Estländischen Ritterschaft (Eestimaa Rüütelkonna maja) ist das *Estnische Kunstmuseum* untergebracht *(Eesti Kunstimuuseum, Kiriku plats 1, Mi–So 11–18 Uhr).*

Insider Tipp Fernsehturm (Teletorn)

✲ In 170 m Höhe genießen Sie von der Aussichtsplattform des 1980 gebauten Fernsehturms einen hervorragenden Blick über Altstadt, Hafen, aber auch über die grauen Wohnsilos von Lasnamäe. Interieur und Restaurant oben im Tower spiegeln noch heute sozialistischen Charme wider. *Tgl. 10–1 Uhr; Kloostrimets 58a, www.teletorn.ee*

Gildehäuser

Die Gildehäuser legen Zeugnis ab vom Wohlstand und Einfluss der Kaufleute und der Handwerker zu Zeiten der Hanse. In der *Olai-Gilde (Pikk 24)* kamen die schwedischen und estnischen Handwerker zusammen. Im Gebäude befindet sich ein großer gotischer Saal, der Zugang liegt im Schwarzhäupterhaus. Im *Haus der Schwarzhäupterbruderschaft (Mustapeade Vennsakona maja, Pikk 26)* trafen sich die unverheirateten deutschen Kaufleute. Auf Höhe des Erdgeschosses zieren die Wappen der Hansekontore Brügge, Novgorod, London und Bergen die Hausfassade. In der *Kanuti-Gilde (Pikk 20)* waren die deutschstämmigen Handwerker vereint. Das 1410 gebaute *Haus der Großen Gilde (Suurgildi hoone, Pikk 17)* war der Treffpunkt der mächtigsten Kaufleute. Heute ist hier das Estnische Historische Museum untergebracht.

Katharinental (Kadriorg)

★ Knapp 2 km vom Stadtkern entfernt liegt das Schloss Katharinental. Zar Peter I. baute den Barockpalast ab 1718 zu Ehren seiner Gattin Katharina I. Heute befindet sich in der einstigen Sommerresidenz Estlands wichtigste Kunstsammlung mit Werken ausländischer Künstler *(Välis Kunstimuuseum, Okt.–April tgl. 10–17, Mai–Sept. Di–So 10–17 Uhr, www.ekm.ee).*

Einst ein wahrhaft königliches Geschenk: Schloss Katharinental

Auch ein Spaziergang im weitläufigen Schlosspark mit alten Bäumen und dem symmetrischen Schwanenteich lohnt. *Weizenbergi 37*

Lateinerviertel (Dominiiklaste kloostri)

Das *Dominikanerkloster* (1246) gilt als ältester erhaltener Gebäudekomplex Tallinns. Vom Kloster existieren noch der Hof und Teile der Kreuzgänge, Speicher, Gebetskapelle, Dormitorium, Kapitelsaal und Fragmente der Katharinenkirche. Heute enthält es ein Museum, in dem mittelalterliche Steinmetzarbeiten zu sehen sind *(Dominiiklaste Kloostri Muuseum, Vene 16, Mitte Mai–Sept. tgl. 11–16 Uhr; www.hot.ee/kloostri).* Der von Bögen überwölbte *Katharinengang (Katariina käik)* am Kloster ist Heimat etlicher Künstlerwerkstätten.

Mittelalterliche Kirchen

Tallinn ist eine Stadt beeindruckender Kirchtürme. Die St.-Olai-Kirche *(Oleviste kirik)* erreichte um 1500 eine Turmhöhe von 159 m und war seinerzeit eines der höchsten Gebäude Europas. Nach einem Feuer wurde der Turm 124 m hoch wieder aufgebaut. Der Aufstieg ist anstrengend, der grandiose Blick jedoch belohnt. *Lai 50, April–Okt. tgl. 10–18 Uhr*

Deutsche Kaufleute errichteten im 13. Jh. die *St.-Nikolai-Kirche (Niguliste kirik).* Sie beherbergt heute ein Museum mittelalterlicher Kirchenkunst, in dem auch das Fragment »Totentanz« (spätes 15. Jh.) des Lübecker Malers und Holzschnitzers Bernd Notke ausgestellt ist. Ihre Akustik macht die Kirche zu einem idealen Konzertsaal. *Niguliste 3, Mi–So 10–17 Uhr, www.ekm.ee*

Die *Heiliggeistkirche (Pühavaimu kirik)* ist in der Geschichte Estlands von besonderer Bedeutung. Hier hielten im 16. Jh. Pfarrer die ersten Predigten auf Estnisch. Der wertvolle Flügelaltar von 1483 mit

Insider Tipp

57 biblischen Szenen stammt ebenfalls aus der Werkstatt des Lübecker Meisters Notke. Die verzierte Holzuhr an der Außenwand ist übrigens der älteste öffentliche Zeitmesser in Tallinn. *Pühavaimu 2, April–Okt. tgl. 10–15 Uhr*

Die orthodoxe *St.-Nikolai-Kirche* war im Mittelalter die Kirche der russischen Kaufleute, die um die Vene-Straße (= Russenstraße) ihre Quartiere hatten. Das jetzige Gebäude wurde erst um 1825 errichtet. *Vene 24, tgl. 9.30–17 Uhr*

Rathausplatz, Rathaus
(Raekoja plats, Raekoda)

🏃 Viele Jahrhunderte war der mit Feldsteinen gepflasterte Platz vor dem historischen Rathaus Marktplatz und der zentrale Ort, an dem man Feste feierte und Gericht hielt. Heute ziehen im Sommer die Straßencafés, die vielen Freiluftkonzerte sowie die Handwerker- und Mittelaltermärkte die Menschen an. Im Winter bezaubert ein wundervoller Weihnachtsmarkt.

Das *Rathaus* ist das einzige unversehrte gotische Rathaus Nordeuropas. Seit 1404 hat es seine heutige Gestalt. Eine spiralförmige Treppe führt die Besucher hoch in den achteckigen ↘ *Rathausturm*, auf dessen Spitze der Landsknecht und Stadtwächter »Alter Thomas« (Vana Toomas) seit 1530 als Wetterfahne über die Stadt wacht. Der Ausblick über die Altstadt ist herrlich *(Mai bis Aug. tgl. 11–18 Uhr)*. Auch das stilvoll eingerichtete Rathaus selbst ist einen Besuch wert – es lässt ahnen, wie eine reiche Hansestadt regiert wurde. Gegenüber werden in der *Ratsapotheke (Raeapteek, Raekoja plats 11)* – der ältesten noch tätigen Apotheke Europas – seit 1422 Medikamente ausgegeben.

Deutsch-baltische Herrenhäuser

Aus manchen verfallenden Statusbauten werden romantische Schlosshotels

Das architektonische Erbe des deutsch-baltischen Adels existiert noch: In Estland gibt es nach einer Auflistung aus den 20er-Jahren mehr als 1000 Guts- und Herrenhäuser, die heute in mehr oder minder gutem Zustand sind. Die imposanten Zentren der Gutshöfe waren als großzügige Ensembles gestaltet, mit riesigen Parkanlagen, Gewässern und Brücken, das schlossähnliche Herrenhaus in der Mitte. Einige dieser Anlagen sind heute im Besitz vermögender Esten, die den in der Sowjetzeit verfallenden Statusbauten mit ihrem morbiden Charme zu neuem Glanz verhelfen. Als Tagungshotels, Wellnessanlagen, Galerien und Kulturzentren erleben sie nun eine neue Blüte. Dennoch verfallen die meisten weiter – das Geld fehlt. Heute kann man rund 100 Herrenhäuser als gut erhalten oder komplett renoviert bezeichnen. Achten Sie auf die Schilder »Mõis« (Herrenhaus) oder »Loss« (Schloss).

Einst schoss die »Dicke Margarethe« aus allen Rohren, kam man ihr zu nah

Stadtmauer (Linna müür)

★ Die Befestigungen bildeten ursprünglich einen geschlossenen Verteidigungsring um die ganze Unterstadt. Im 16. Jh. besaß Tallinn das mächtigste Bollwerk in Nordeuropa: 3 m dick, 16 m hoch, 46 Türme. Die Hälfte des einst 4 km langen Mauerrings ist erhalten geblieben, ebenso 26 Türme. An einigen Stellen ist die Anlage begehbar: Nonnenturm, Badestubenturm und der »Goldene Fuß« sind inklusive Wehrgang für Besucher zugänglich (*Gümnaasium 3, Mai–Aug. Mo–Fr 11–19, Sa/So 11–16 Uhr*). Doch Vorsicht: Es geht über enge Treppen steil aufwärts.

Sehenswert sind auch der Kanonenturm *Kiek in de Kök (Kommandandi 2)*, was so viel wie »Guck in die Küche« heißt. Ferner der *Mägdeturm (Neitsitorn, Lühike jalg 9a)*, in dem man heute in rustikaler, angenehmer Atmosphäre einen Kaffee oder Glühwein genießen kann. Der kleine, versteckte Platz davor mit den alten Laubbäumen und dem schönen Ausblick auf die Unterstadt heißt 🏃 💥 *Garten des dänischen Königs (Taani Kuninga aed)* und ist Treffpunkt für Jugendliche, die dort Gitarre spielen und singen. Man gelangt zu ihm über den Lühike Jalg. Zur Seeseite imponieren als Doppelturm die *Große Strandpforte* und die *Dicke Margarethe (Paks Margareeta, Pikk 70)*: Der Kanonenturm mit 155 Schießscharten beherbergt heute das *Estnische Museum für Seefahrt (Meremuuseum, Mi–So 10–18 Uhr)*. Vom 💥 Turmdach bietet sich ein schöner Blick über Altstadt und Hafen.

MUSEEN

Besatzungsmuseum (Okupatsioonide Muuseum)

In einem modernen gläsernen Gebäudekomplex hat Estland seine schmerzliche Geschichte unter der

Herrschaft der Nationalsozialisten und der Sowjets von 1939 bis 1991 dokumentiert. Audiovisuell und durch Fotos werden Unterdrückung und Widerstand beleuchtet und gezeigt, wie die die Menschen in dieser schwierigen Zeit zurechtkamen. *Toompea 8, Di–So 11–18 Uhr, www.okupatsioon.ee*

Estnisches Architekturmuseum (Arhitektuurimuuseum)

Im ehemaligen Rotermann-Salzlager, einem imposanten Kalksteingebäude aus dem Jahr 1905, befindet sich ein Eldorado für alle diejenigen, die an Architektur und moderner Kunst interessiert sind. *Ahtri 2, Mi–So 12–20 Uhr, www.arhitek tuurimuuseum.ee*

Estnisches Historisches Museum (Ajaloomuuseum)

Das Museum im Haus der Großen Gilde befasst sich mit der Geschichte Estlands, zeigt Münzen, Gemälde und andere Exponate zur Landesgeschichte, darunter die 200 Jahre alte Sammlung (u. a. mittelalterliche Waffen und Rüstungen) eines Ratsapothekers. *Pikk 17, Do–Di 11–18 Uhr, www.eam.ee*

Estnisches Museum für Kunst und Design (Tarbekunst)

In einem schönen alten Kornspeicher zeigen estnische Künstler phantastische Kreationen aus Glas, Keramik, Leder und Metall sowie Schmuck vom Beginn des 20. Jhs. bis heute. *Lai 17, Mi–So 11–18 Uhr, www.ekm.ee*

Insider Tipp Tallinner Stadtmuseum (Tallinna Linnamuuseum)

Die in einem restaurierten Patriziergebäude befindliche Ausstellung zeigt alle Aspekte der Entwicklung Tallinns multimedial. Mit lebensgroßen Modellen und klangvollen Effekten wird die mittelalterliche Gesellschaft wieder lebendig. Das oberste Geschoss ist dem 20. Jh. gewidmet. *Vene 17, Mi–Mo 10–17 Uhr, www.linnamuuseum.ee*

ESSEN & TRINKEN

Bocca

Restaurant der gehobenen Klasse in einem romantischen gewölbeartigen Bau. Italienische Küche mit angeschlossener Bar und tollem, preisgekröntem Interieur. *Olevimägi 9, Tel. 641 26 10, €€€*

Eesti Maja Insider Tipp

Es liegt ein wenig versteckt, und das Interieur ist schlicht. Aber das Essen ist original estnische Küche. So original, dass sogar die Esten mit ihren Gästen gern dort essen. Eine leckere Nachspeise ist der *Pannkoogid kodumoosiga:* Die Marmelade ist selbst gemacht – das schmeckt man. *Lauteri 1, Tel. 645 52 52, www.eestimaja.ee, €€*

Kloostri Ait

Gemütliches Kneipenrestaurant mit Kamin, der schon wegen seiner Größe eine behagliche Wärme ausstrahlt. Treffpunkt vieler estnischer Künstler. Die Musik ist dezent jazzig. Erwähnenswert: Die Kneipe ist nicht verraucht. *Vene 14, Tel. 641 83 74, www.kloostriait.ee, €€*

Kulde Notsu Korts

Deftige estnische Küche in einem etwas bayerisch anmutenden Ambiente in der Altstadt. Das liegt aber eher an der estnischen Hintergrundmusik, in der auch deutsche

Volkslieder vorkommen. *Dunkri 8, Tel. 628 65 67, €€*

Laagun

Der Name ist Programm: Hier gibt es Fischgerichte in allen Variationen und eine tolle Fischsuppe. *Vene 5, Tel. 631 47 27, €€*

Neitsitorn

 Das Café im Mägdeturm verteilt sich auf drei rustikal-schön eingerichtete Stockwerke und bietet neben Snacks einen prima Kaffee und einen wunderbaren Blick über die Altstadt. *Lühike jalg 9a, Tel. 644 08 96, €*

Olde Hansa

⭐ Essen und Trinken wie im Mittelalter. Die Speisekreationen sind interessant: Probieren Sie z. B. den Elchteller und dazu einen Becher Met. Rustikale Einrichtung, flackernde Kerzen und Fackeln im dunklen Gebäude sowie die musikalische Untermalung und die Trachten des Personals versetzen die Gäste in eine andere Zeit. Eine Voranmeldung ist ratsam. *Vanaturg 1, Tel. 627 90 20, www.oldehansa. ee, €€– €€€*

Peppersack

Auch dieses Eventrestaurant hat es mit dem Mittelalter. Abends zeigen Schwertkämpfer ihr Können im Umgang mit dem etwas längeren Messer. *Viru 2/Vanaturu 6, Tel. 646 68 00, www.peppersack.ee, €€€*

Restaurant Ö

»Ö« heißt auf Schwedisch Insel. In gepflegtem Ambiente kann man auf dieser hervorragende internationale Küche mit einer sehr individuellen Note genießen, so z. B. gedünsteten Schwanz vom Mönchsfisch in einer Zitronengrassauce. *Mere 6e, Tel. 661 61 50, www.restoran-o.ee, €€€*

»Ein Wildschwein, bitte!« Tafeln wie im Mittelalter im Olde Hansa

Ein Plats an der Ostsee statt einer Piazza an der Adria: Sommer in Tallinn

Tristan und Isolde

Kleines, gemütliches Café in den Gewölben unter dem alten Rathaus – verwinkelt, dunkel und mit warmem Kerzenschein auf den kleinen Tischen. *Raekoja Plats 1, Tel. 644 08 18, €€*

EINKAUFEN

Die Haupteinkaufsstraße in der Altstadt mit vielen kleinen Geschäften ist die Viru-Straße. Doch das größte Angebot in der Innenstadt findet man im Einkaufszentrum *Viru Keskus*, das mit dem Kaufhaus *Kaubamaja* durch eine gläserne Brücke verbunden ist. *Viru väljak 4/6 u. Gonsiori 2, tgl. 9–21 Uhr*

Galerii Portaal

Die hohe Kunst der estnischen Teppichweberei, zum Verkauf ausgestellt in dieser Galerie. *Vene 16, Mo–Fr 10–18, Sa/So 10–17 Uhr*

Katharinengilde (Katariina gild)

Hier haben sich Künstler zusammengeschlossen. Glasbläsern, Tuchmacherinnen oder Gerbern kann man in ihren Ateliers zuschauen und ihre Werke auch kaufen. *Vene 12, tgl. 12–18 Uhr*

Kunst-Disain

Filigrane Seidenschals, Wandteppiche, Keramik-, Glas- und Lederarbeiten. Die ganze Bandbreite estnischen Kunstdesigns finden Sie zu erschwinglichen Preisen auf einer großen Ausstellungsfläche, völlig versteckt und ohne großes Hinweisschild in der 4. Etage des Viru-Einkaufszentrums. *Viru väljak 4/6, tgl. 9–21 Uhr; www.kunst-disain.ee*

Lühikese Jala Galerii

Stilvolle Galerie mit der ganzen Palette estnischer Handwerkskunst. *Lühike jalg 6, Mo–Fr 10–18, Sa/So 10–17 Uhr*

Nu Nordik

Mode estnischer Designer finden Sie hier. Nicht ganz preiswert, aber schön. *Väljak 8, Mo–Fr 10–18, Sa 11–18 Uhr, www.nunordik.ee*

Puupood

Stöbern Sie in Holzgeschnitztem in den übervollen Räumen eines verwinkelten Kellergeschäfts. *Lai 5, Mo–Fr 10–19, Sa/So 10–18 Uhr*

Tauno Kangro Skulpturenstudio

Tauno Kangro ist einer der bekanntesten Künstler Estlands, berühmt für seine fröhlichen Bronzeskulpturen. *Uus 20, Mo–Fr 10–17 Uhr*

ÜBERNACHTEN

Domina Ilmarine

Schmale Suiten über zwei Ebenen. Das reizvolle Hotel ist eine umgebaute Fabrik. *155 Zi., Põhja 23, Tel. 614 09 00, Fax 614 09 01, www. dominahotels.com, €€€*

Eurohostel

Im Herzen der Altstadt gelegene Herberge, sauber und schlicht. *8 Zi., Nunne 2, Tel. 644 77 88, Fax 644 88 77, www.eurohostel.ee, €*

Kolm Õde (Die drei Schwestern)

2003 eröffnetes 5-Sterne-Hotel. Drei aneinander gebaute Kaufmannshäuser aus dem 14. Jh. wurden restauriert und mit Designermöbeln ausgestattet. *23 Zi., Pikk 71, Tel. 630 63 00, Fax 630 63 01, www.threesistershotel.com, €€€*

Meriton Old Town Hotel

Schönes, ruhiges Hotel in einem renovierten Gebäude vom Ende des 19. Jhs. Ein Teil der Stadtmauer ist in das Hotel integriert. *79 Zi., Lai 49, Tel. 614 13 00, Fax 614 13 11, www.meritonhotels.com, €€*

Old House Guesthouse

Gemütlich eingerichtetes, ruhiges kleines Gästehaus in der Altstadt mit 6 Zimmern. Zugleich bietet das Old House in einem Nebenhaus 12 einfache Zimmer sowie Apartments an. *Uus 22, Tel./Fax 641 14 64, www.oldhouse.ee, €– €€€*

Olevi Residence

Stilvolles kleines Hotel in renoviertem Gebäude aus dem 14. Jh. in der Altstadt. *45 Zi., davon 8 economy (ohne Fenster), Olevimägi 4, Tel. 627 76 50, Fax 627 76 99, www.olevi.ee, €€– €€€*

Reval Express Hotel

Nahe am Hafenterminal, modern und hell. In wenigen Minuten ist man in der Altstadt. *166 Zi., Tel. 667 87 00, Fax 667 88 00, www. revalhotels.com, €€*

Schlössle

Das Schlössle war Estlands erstes 5-Sterne-Hotel. Es liegt in einem ruhigen Teil der Altstadt. *23 Zi., Pühavaimu 13, Tel. 699 77 00, Fax 699 77 77, www.schlossle-hotels. com, €€€*

Vana Tom

🏃 Kleine Jugendherberge, nah am Rathausplatz. *15 Zi., Väike-Karja 1, Tel. 631 32 52, Fax 612 05 11, www.hostel@hostel.ee, €*

AM ABEND

Estnische Nationaloper (Rahvusooper Estonia)

Die Esten haben ein Faible für »große Kultur«. Für ihre Nationaloper gewinnen sie auch Weltstars. Oper, Ballett, Performances. *Estonia 4, Tel. 683 12 60, www.opera.ee*

Gloria Veinikelder

In die Stadtmauer integrierter Weinkeller mit romantischen Winkeln. Darüber befindet sich das exklusive Gloria-Restaurant (€€€) im Stil der 1930er-Jahre. *Müürivahe 2, Tel. 644 88 46, www.gloria.ee*

Guitar Safari

Raue, rockige Kellerbar mit Livebands im Rock- und Countrystil. *Müürivahe 22*

Karja Kelder

Wagenräder als Kerzenhalter und viel Holz. Gemütliche Altstadt-Kellerkneipe mit gereifteren Gästen. Große Palette an Biersorten. *Väike-Karja 1, www.karjakelder.ee*

Pegasus

Der schon zu Sowjetzeiten beliebte Treff von Künstlern und Autoren ist auch heute noch populär. Das Restaurant (€€€) gilt als eines der besten der Stadt. *Harju 1, Tel. 631 40 40, www.restoranpegasus.ee*

Restaurant-Brewery Beer House

🏃 Quicklebendige Kneipe, in der gleich drei verschiedene Biere gebraut werden. Livemusik am Wochenende, Disko im 2. Stock. *Dunkri 5, www.beerhouse.ee*

Scotland Yard

Riesige rustikale Kellerkneipe mit mehreren Bars am Rand der Altstadt. In der Zigarrenlounge steht ein Aquarium mit Piranhas, die die Haie unter den Gästen schocken sollen. Das Servicepersonal trägt Polizeiuniform. Viele populäre est-nische Gruppen treten hier auf. *Mere 6e, www.scotlandyard.ee*

Von Krahli Baar

Inside Tipp

🏃 Gegenüber dem Theater in der Altstadt ist diese Bar Tallinns Zentrum für »alternative« Musik von Rock bis Reggae. *Rataskaevu 10, www.vonkrahl.ee*

AUSKUNFT

Touristeninformation

Niguliste 2/Kullassepa 4, Tel. 645 77 77, Fax 645 77 78, www.tourism.tallinn.ee

Hier können Sie für 90–350 EEK (gültig 6–72 Std.) die Tallinn-Card erstehen, mit der Sie u. a. freien Eintritt in Museen haben und Rabatt in einer Reihe von Geschäften und Restaurants bekommen.

ZIELE IN DER UMGEBUNG

Helsinki   [0]

Finnlands Hauptstadt auf der anderen Seite des Meerbusens ist knapp 80 km von Tallinn entfernt und lässt sich sommers mit einer Katamaranfähre in weniger als zwei Stunden erreichen *(hin u. zurück ab 560 EEK, nach Abfahrtszeiten und Komfort gestaffelt, Buchung unter http://www-eng.njl.fi)*. Normale Fähren benötigen etwa 3,5 Stunden *(hin und zurück ab 265 EEK, Tickets unter www.webmarine.ee oder in jedem Reisebüro)*.

Keila joa – Wasserfall
und Landschaftspark   [111 E1]

Gut 60 m breit und 6 m hoch ist der Wasserfall, der etwa 40 km westlich von Tallinn hinabstürzt. Auf der Küstenstraße entlang der Strände von Väana-Jõesu und der

Käsmu im Lahemaa-Nationalpark wurde einst »Dorf der Kapitäne« genannt

◆ Steilküste *Türisalu pank,* mit wunderbarem Ostseeblick von 30 m hohen Kliffen, gelangt man dorthin. Der Wasserfall selbst liegt in einem 25 ha großen klassizistischen Landschaftspark mit 80 verschiedenen Baumarten. Direkt neben dem Wasserfall steht das einstige Herrenhaus des Grafen von Benckendorff. Als sowjetische Kasernenanlage hat das Gebäude schwer gelitten. Derzeit wird es restauriert.

Lahemaa-Nationalpark
(Lahemaa rahvuspark) [112 B–C1]

★ Der Nationalpark Lahemaa (»Buchtenland«) liegt etwa 80 km östlich von Tallinn und erstreckt sich von der Fernstraße 1 Tallinn–Narva bis zur Küste. Er umfasst vier Halbinseln, die fingerartig in die Ostsee hineinragen; *Loksa* und *Võsu* sind seine größten Orte. Die wunder-

schöne Wald-, Moor- und Küstenlandschaft können Sie zu Fuß entdecken. Es gibt sieben Lehrpfade in dem etwa 730 km^2 großen Gebiet.

Im Park sind einige restaurierte Herrenhäuser zu bewundern, beispielsweise das barocke Gutshaus in *Palmse* mit weitläufigem Park, Sommerpavillon und Schwanenteich. In Palmse hat die Nationalparkverwaltung in einem Seitengebäude ein *Infozentrum* eingerichtet *(Tel. 329 55 55, www.lahemaa.ee).* Übernachten können Sie neben dem Gutshof im *Park-Hotel (27 Zi., Tel. 322 36 26, Fax 323 41 67, www.phpalmse.ee, €€).*

Auch der Gutshofkomplex Sagadi und die Gutsanlage Vihula sind sehenswert. In Sagadi befindet sich ein *Hotel-Restaurant (14 Zi., Sagadi Vihula vald, Tel. 322 88 88, Fax 325 88 00, www.sagadi.ee, €€).*

Etwas preiswerter, aber ebenso gemütlich ist es auf dem *Gutshof Vihula (12 Zi., Tel. 322 69 85, Fax 325 25 12 www.vihulamois.ee, €€)*.

Ein Muss in Lahemaa ist das Fischerdorf *Altja* mit seinen Bauernhöfen und der reetgedeckten Dorfschänke *Altja Kõrts (Tel. 325 86 81, €€)*. Dort kann man preiswert und gut estnisch essen. Baden können Sie bei Altja oder am schönen Strand von Võsu. Auch *Käsmu* ist einen Abstecher wert. Das einstige Kapitänsdorf beherbergt heute ein *Meeresmuseum (Meremuuseum, tgl. rund um die Uhr, Tel. 323 81 36, www.kasmu.ee)*. Direktor Arne Vaik, der dort auch wohnt, hat alles, was das Meer anspült, gesammelt.

Direkt an der Fernstraße in Viitna liegt das bei den Esten sehr populäre Restaurant <mark>Viitna Kõrts.</mark> Das Haus besteht aus grob behauenen Baumstämmen, serviert wird in traditioneller Kleidung. Das Essen ist toll, die Preise niedrig *(Viitna, Tel. 325 86 81, www.restoran.ee/viitna, €–€€)*.

Insider Tipp

Da Lahemaa auf jeden Fall einen mehrtägigen Besuch wert ist, hier noch einige weitere Übernachtungsmöglichkeiten – zum Beispiel das kleine Hotel *Sinikorall* in Võsu mit Kamin in der Halle *(8 Zi., Metsa 3, Tel. 323 84 55, www.sinikorall.ee, €€)*. Für mehr als einen Tag empfiehlt sich auch ein Quartier im außergewöhnlichen <mark>Kuusiku</mark> in Viitna. Die Ex-Managerin Sirje Kuusik bietet individuelle Führungen durch den Nationalpark und Bastelkurse in estnischem Kunsthandwerk an *(6 Zi., Lääne-Virumaa, Tel. 515 35 73, www.kuusikunaturefarm.ee, €–€€)*. Auf dem Reiterhof *Mätta* können Sie übernachten oder auch halbtägige Ausritte in

Insider Tipp

den Nationalpark buchen *(4 Zi., Vihula vald, Tel. 325 27 50, www.ratsatalu.ee, €)*.

Naissaar [111 E1]

Die sechstgrößte Insel Estlands liegt 10 km vor Tallinn, ist unbewohnt und ein beliebtes Ausflugsziel der Hauptstädter. Festungsruinen aus dem 18. Jh. sowie eine wunderschöne Wald- und Küstenlandschaft locken. Drei Wanderwege sind für Radler und Wanderer markiert. Von Pirita aus fahren im Sommer Boote in 50 Minuten dorthin *(Sa/So 11.30 u. 12.30 Uhr, 180 EEK, Fahrrad 50 EEK, www.saartereisid.ee, www.naissaarereisid.ee)*.

Padise [111 D2]

Einen Ausflug wert sind die gewaltigen Ruinen des einstigen Zisterzienserklosters Padise aus dem Jahr 1317. Im Mittelalter zerstört, wird das festungsartige Kloster seit einigen Jahren restauriert. Vom ⚑ Turm des Klosters bietet sich ein grandioser Blick über das Land. Die Klosteranlage liegt 50 km entfernt von Tallinn an der Straße 17 nach Keila und Haapsalu.

Pakri [111 D1]

40 km westlich von Tallinn liegt die Pakri-Halbinsel mit dem Ort *Paldiski*. Direkt hinter Paldiski beginnt eine ⚑ traumhafte Steilküste, die vielleicht schönste Estlands. Der Blick übers Meer ist unbeschreiblich. Um dorthin zu gelangen, durchqueren Sie Paldiski und fahren in Richtung Leuchtturm. *(Touristeninformation: Sadama 9, Tel. 679 06 00)*. Trotz ihrer Naturschönheiten ist die Halbinsel ein für Touristen eher ungewohnter Platz, auch wenn Paldiski (4000 Ew.) ein

Ein sehr lebendiges Museum! Folklore im Freilichtmuseum Rocca al Mare

schon viel freundlicheres Erscheinungsbild hat als Mitte der 90er-Jahre, als die russische Armee abzog: Unter den Sowjets war Pakri Sperrgebiet und U-Boot-Basis. Am Ortseingang von Paldiski schockt einen immer noch das verfallende Pentagon, das einstige Ausbildungszentrum für U-Boot-Fahrer.

Pirita [111 E1]

Der kleine Ort an der Tallinner Bucht (3 km östlich) besitzt einen feinen Sandstrand, einen Yachthafen und etliche Hotelanlagen. Hier wurden die olympischen Segelwettbewerbe 1980 ausgetragen. Das *Pirita Top SPA-Hotel* im Olympiazentrum ist komplett renoviert und besitzt eine Schwimmhalle, Saunen und eine Sporthalle *(201 Zi., Regati 1, Tel. 639 86 00, Fax 639 88 21, €€–€€€).* Surfen bei *Pro Surf* (*Merivälja 1a, www.paap.ee*); Ruderbootverleih auf dem Fluss Pirita: *Kloostri 6, tgl. 10–22 Uhr*

Knapp 4 km vom Altstadtkern Tallinns entfernt kommen Sie an der Straße nach Pirita an den beeindruckenden Ruinen des im 16. Jh. durch ein Feuer zerstörten *Brigittenklosters (Pirita klooster, tgl. 10–18 Uhr)* vorbei. Auf dem Gelände finden regelmäßig Rockkonzerte sowie ein traditioneller Jahrmarkt statt.

Rocca al Mare [111 E1]

★ 10 km westlich vom Stadtzentrum Tallinns entstand in den 60er-Jahren auf dem Steilufer der Kopli-Bucht das *Estnische Freilichtmuseum Rocca al Mare.* Rund 90 Bauernhäuser, Fischerhütten, Windmühlen, Ziehbrunnen und viel landwirtschaftliches Gerät aus allen Gegenden Estlands wurden hier aufgestellt. Eine Dorfschänke ist in Betrieb, und es gibt Folkloreveranstaltungen, Bastelkurse und vieles mehr. *Vabaõhumuuseumi 12, tgl. 10–18 Uhr, www.evm.ee*

Raue Küsten, einsames Land

Melancholische Burgruinen und Industriegebiete – der Nordosten ist eine Region der Gegensätze

Der Nordosten Estlands unterscheidet sich in vielem vom übrigen Land. Etwa 260 000 Menschen leben in den Landkreisen Lääne-Virumaa, Ida-Virumaa und in Narva. Generell gilt: Je weiter man durch das flache Gebiet auf der Fernstraße 1 Richtung Osten fährt, umso größer wird der Anteil der russischen Bevölkerung. In den kleinen Industriezentren wie Kunda, Jõhvi und Kohtla-Järve ist er erheblich höher als auf dem Land. Schon 30 km hinter Lahemaa ist der nordöstliche Teil der Region gekennzeichnet von Zementfabriken, von Ölschieferhalden, Tagebau und qualmenden Schloten. Die Luft schmeckt manchmal schweflig.

Wesentlich schönere Plätze gibt es dagegen an der Küste: Steilküsten mit Kiefernhainen, hinabstürzende Wasserfälle und lang gezogene, feine Sandstrände. Und auf den wenigen Straßen Richtung Süden zum Peipussee entfaltet sich dann eine wunderbare, einsame Landschaft mit Wäldern, Mooren und Seen. Die wenigen und dazu kleinen Dörfer wirken wie Inseln in einem großen, grünen Meer.

Der Auerochse ist das Symbol von Rakvere mit seiner Ordensburg

NARVA

 Karte in der hinteren Umschlagklappe

[113 F2] Die geschichtsträchtigste Stadt der Region liegt am gleichnamigen Grenzfluss und ist Estlands Vorposten zu Russland. Mehr als 90 Prozent ihrer 70 000 Ew. sind Russen. Symbolhaft stehen sich hier direkt an der Narva mit der estnischen Hermannsfeste und der Burg Ivangorod auf russischer Seite zwei mächtige mittelalterliche Festungen gegenüber. Sie markieren die Kultur- und Wirtschaftsgrenze zwischen Ost und West, und seit Mai 2004 grenzt hier in Narva auch die EU an Russland. Narvas barocke Stadtarchitektur aus der Schwedenzeit galt einst als die schönste im Ostseeraum. Davon ist nicht viel geblieben: 1944 war Narva schwer umkämpft, nahezu alle Häuser wurden zerstört. Heute prägen Plattenbauten das Stadtbild.

SEHENSWERTES

Alexanderkirche (Aleksandri kirik)

Mit großem finanziellem Aufwand unterstützt der estnische Staat den

Raum für Interpretationen: Was will Lenin zur Hermannsfeste sagen?

Wiederaufbau der im Zweiten Weltkrieg zerstörten Kirche. Der achteckige Bau von 1884 fasste einst 2500 Menschen und war die Werkskirche der Textilfabrik Kreenholm. In sowjetischer Zeit diente er einmal auch als Wodkalager, aber in winterlicher Kälte zersprangen die Flaschen. *Stichstraße zu Grafovi / 1.Mai*

Am Ende der Grafovi-Straße, an der Ecke Raudsilla-Straße befindet sich ein ⚑ Aussichtsplatz, der einen schönen Blick über die Narva und die beiden Festungen gewährt.

Auferstehungskirche

Die prachtvolle russisch-orthodoxe Kirche aus dem Jahr 1890 blieb im Krieg unversehrt. *Grafovi / Bastrakovi, tgl. ab 9 Uhr*

Bastionen

Acht alte schwedische Befestigungswerke (errichtet ab 1681) mit den verpflichtenden lateinischen Namen Victoria, Honor, Gloria, Fama, Triumph, Pax, Justitia und Spes umgeben die Altstadt.

Hermannsfeste (Hermanni linnus)

★ Es waren Dänen, die die Festung Ende des 13. Jhs. gründeten. Ordensritter gaben ihr den Namen und bauten sie um, später erweiterten die Schweden das Bollwerk. 1492 errichteten die Russen die Feste *Ivangorod* am anderen Narva-Ufer. Peter der Große schließlich nahm 1704 Narva und die Hermannsfeste ein. Im Zweiten Weltkrieg schwer beschädigt, wurde die Festung in den 50er- und 60er-Jahren wieder aufgebaut. Der *Lange Hermann (Pikk Hermann)* ragt rund 50 m in die Höhe. Den besten Blick auf die russische Seite und die unterhalb der Feste befindliche Grenzbrücke über die Narva hat man vom ⚑ hölzernen Wehrgang an der Außenseite dieses Turms.

Im Inneren des Turms ist das *Stadtmuseum (Narva Muuseum)* untergebracht. Ein schönes Restaurant, das *Rondeel,* befindet sich in der Vorburg der Hermannsfeste *(Tel. 359 32 44, €€)*.

Kreenholm-Manufaktur (Kreenholmi Manufaktuur)

Fast unbeschadet hat das Kreenholm-Viertel im Süden Narvas auf der Insel Kreenholm die Wirren der Zeit überstanden. Die backsteinroten Ziegelbauten der Textilmanufaktur und die darum platzierten Wohnungen der Mitarbeiter sind anschauliches Beispiel für eine Industriearchitektur, wie man sie im 19. Jh. als zukunftsweisend ansah.

Rathaus

Neben der Hermannsfeste und zwei weiteren Häusern in der Altstadt (Koidula 3a und 6) ist allein das wieder errichtete, über 300 Jahre alte barocke Rathaus am Rathausplatz *(Raekoja plats)* als Erinnerung an das alte Narva geblieben. Gebaut hatte es der Lübecker Baumeister Georg Teuffel.

MUSEEN

Narva Muuseum

Im Pikk Hermann werden in fünf Sälen Sammlungen zur Geschichte Narvas gezeigt. Besonders interessant ist die Fotoaustellung, die das frühere Narva dokumentiert. *St. Peterburi 2, Di–So 10–18 Uhr, www.narvamuuseum.ee*

Narva Muuseum Kunsti Galerii

Exponate zur Stadtgeschichte, wie die Sammlung des Kaufmanns Sergej Lavrecov, der im 19. Jh. in Narva lebte, sowie wechselnde Ausstellungen zeitgenössischer Werke. *Vestervalli 21, Mi–So 10–18 Uhr*

ESSEN & TRINKEN

Café Aleksandr

Kleines Restaurant mit mitteleuropäischer Küche. *Puskini 13, Tel. 357 31 50, €€*

King

Im Hotelrestaurant beim alten Rathaus strahlt ein Kamin Gemütlichkeit aus. Exzellente estnische und

---

MARCO POLO Highlights »Der Nordosten«

★ **Hermannsfeste (Hermanni linnus)**
Beim Burgenbauen an der Narva übertrafen sich Russen und Ordensritter (Seite 44)

★ **Toolse**
Ein Hauch von Caspar David Friedrich umweht die romantische Ruine der Ordensburg (Seite 49)

★ **Kloster Pühtitsa**
Mehr als 100 Nonnen leben abseits jeglichen Trubels in ihrer eigenen Welt (Seite 47)

★ **Ontika panke**
Urwüchsige Natur an der Küste, Wasserfall inklusive (Seite 47)

1,6 km Stollen kann man im Bergwerksmuseum Kohtla besichtigen

europäische Küche. *Lavretsovi 9, Tel. 359 20 75*, €€

Vana Toomas
Kleines Café mit 30 Plätzen, das ein wenig an einen Pub erinnert. *Joala 3, Tel. 359 24 06*, €€

Etapp Hotel
Etwa 300 m von der Hermannsfeste entfernt in der Innenstadt gelegen. 2002 renoviert, ein bewachter Parkplatz wird angeboten. *13 Zi., Lavretsovi 5, Tel. 359 33 33, Fax 359 13 33, www.hot.ee/etapp*, €€

King
Schmuckes, hübsch eingerichtetes Hotel in einem restaurierten eingeschossigen Altstadtgebäude aus dem 17. Jh. Am Wochenende Livemusik im Clubraum. *23 Zi., Lavretsovi 9, Tel./Fax 357 24 04, www. hotelking.ee*, €€

Narva Hotell
Größtes Hotel in der Stadt. 2004 komplett renoviert. *48 Zi., Puskini 6, Tel. 359 96 00, Fax 359 96 03*, €€– €€€

Touristeninformation
Puskini 13, Tel. 356 01 84, Fax 356 01 86, narva@visitestonia.com

ZIELE IN DER UMGEBUNG

Bergwerksmuseum Kohtla   [113 E2]
Insider Tipp

Bis 2001 wurde hier, 60 km westlich von Narva, unter Tage Ölschiefer abgebaut. Unter kundiger Führung können Sie sich die harte Arbeit der Bergleute in den Stollen (auf Englisch) erklären lassen. Die Fahrt mit der kleinen Lorenbahn ist ein Abenteuer für sich. Doch das Museum organisiert noch einiges mehr, von der Jeepsafari bis zum

Alpinski auf den bis zu 170 m hohen Abraumhalden. *Jaama 1, Kohtla-Nõmme, Mo–Fr 10–17, Sa/So 10–15 Uhr, Tel. 332 40 17, www. kaevanduspark.ee*

Kloster Pühtitsa   [113 E2]

★ In dem 1892 gegründeten russisch-orthodoxen Kloster leben heute etwa 100 meist russische Nonnen. Mit ihren fünf Zwiebeltürmen ist die *Uspesnskij-Kathedrale* das mächtige Zentrum der von einer Mauer umgebenen Anlage. Insgesamt gehören sechs Kirchen zum Komplex. Im Klostergarten steht der »Heilige Baum«, eine Eiche mit 4,30 m Stammumfang. Das Kloster liegt etwa 70 km südwestlich von Narva in einer einsamen, waldreichen Landschaft beim Dorf Kuremäe und ist nur über den Ort Jõhvi erreichbar. *www.orthodox.ee*

Auf dem Weg nach Pühtitsa berührt man das *Kurtna-Seengebiet (Kurtna järvistu)*, das rund 40 kleine Seen umfasst und von etlichen Wanderwegen durchzogen wird.

Narva-Jõesuu   [113 F1]

Das Seebad (3000 Ew.) an der Mündung der Narva besitzt einen etwa 6 km langen, feinen weißen Sandstrand. Die Wasserreinheit gilt als nicht ganz unproblematisch. Große Kurzentren, alte Holzvillen und sozialistischer Baustil haben einen eigentümlichen Ortsmix geschaffen. Übernachtungsmöglichkeit im *Hotel Liivarand (43 Zi., Koidula 21, Tel./Fax 357 73 91, www. liivarand.ee, €–€€)*.

Ontika panke   [113 E2]

★ 🌊 Mit 56 m Höhe ist die Steilküste bei *Ontika* die höchste in ganz Estland. Hier stürzt auch der *Wasserfall Valaste* in die Ostsee. Auf etwa 20 km Länge von Toila (46 km westlich von Narva) bis Saka erstreckt sich das Kliff mit grandiosen Ausblicken über die Ostsee. Entlang der bewaldeten Klippen führt eine teils nicht asphaltierte Straße. Im Kiefernwald bei Saka steht an der Steilküste ein renoviertes Hotel mit Fahrradverleih, eigener Treppe zum Strand und zehn Anschlüssen für Caravan-Reisende, das *Saka Cliff Hotel & Spa (33 Zi., Saka Mõis, Tel. 336 49 00, Fax 336 49 01, €€)*. **Insider Tipp**

Toila-Oru   [113 E2]

Das Schloss bei Toila, 46 km westlich von Narva, war früher der Sommersitz des estnischen Präsidenten, ehe es im Krieg zerstört wurde. Geblieben ist neben der Ruine der baumreiche Schlosspark. Am Rand des Parks liegt das *Toila Spa Hotel* mit einem vielfältigen Urlaubsangebot *(159 Zi., Ranna 12, Tel. 334 29 00, Fax 334 29 01, www. toilasanatoorium.ee, €)*. Im Ort Toila gibt es einen feinen Sandstrand und gute Fischgerichte im *Fregatt (Pikk 18, Tel. 336 96 47, €)*.

RAKVERE

[112 C2] Der Ort (17 000 Ew.) steht ganz im Zeichen der mächtigen Burgruine des deutschen Ritterordens. Schon 1302 erhielt Rakvere, eine der ältesten Städte Estlands, das Stadtrecht. In Vorzeiten befand sich hier eine Festung namens Tarvanpea (*tarvas* heißt Auerochse); in Erinnerung daran steht unweit der Ordensburg das Monument eines Auerochsen. In der ältesten Straße, der *Pikk*, sieht man noch zahlreiche verzierte Holzhäuser.

Ordensburg

Die mächtige Ruine auf dem *Wallberg* mit ihren drei verbliebenen Türmen und dem riesigen Eingangstor wurde im 13. Jh. von den Dänen als Festung gegründet. Deutsche Ritter bauten sie um 1350 zur Ordensburg aus. Dänen, Deutsche, Schweden, Russen und Polen herrschten 400 Jahre um die Burg. Zu Beginn des 17. Jhs. wurde sie zerstört, ihre Mauern teils als Baumaterial abgetragen. *Vallimägi, Mai–Sept. Di–So 10–17 Uhr*

Bürgerhaus-Museum (Linnakodaniku Majamuuseum)

Das Leben der Stadtbewohner Rakveres vor 100 Jahren wird hier in Wort und Bild dokumentiert. *Pikk 50, Mi–Sa 11–17 Uhr*

Old Victoria

Pub mit großem Sommergarten. Estnische Gerichte, aber auch deutsches Essen wie Schnitzel. *Tallinna 27, Tel. 322 53 45,* €

Restoran Nordi õlletuba

Schmackhafte estnische Küche. *Tallinna 68, Tel. 324 27 52,* €

Hotel Wesenbergh

Angenehmes Hotel, 500 m vom Stadtkern, mit gutbürgerlichem Restaurant. *37 Zi., Tallinna 25, Tel. 322 34 80, www.wesenbergh.ee,* €€

Villa Theresa

Beschauliche Unterkunft in einem Holzhaus am Stadtrand. *7 Zi., Tammiku 9, Tel. 322 36 99, Fax 322 34 32, www.villatheresa.ee,* €

Waldbrüder

Die Verstecke estnischer Freiheitskämpfer sind heute Museen

Ein besonderes Kapitel der estnischen Geschichte ist der Kampf der Waldbrüder, der *Metsa männis,* gegen die sowjetische Herrschaft. Während der Besatzung 1939/40 retteten sich Tausende Menschen vor den Deportationen in die Wälder. Nach 1945 wiederholte sich dies. Bis weit in die 50er-Jahre hinein lebten versteckt in den dichten Wäldern, in Erdbunkern und Höhlen etwa 20 000 Esten. Massendeportationen ab 1949 und die Zwangskollektivierung der Landwirtschaft entzogen ihnen die Hilfe der Landbevölkerung. Etliche gaben auf, kamen nach Sibirien, viele wurden getötet. Der letzte Freiheitskämpfer ergab sich 1978. Über das Wald- und Bunkerleben kann man sich auf Führungen informieren – auch im 28 km südlich von Rakvere gelegenen Distrikt Väike-Maarja-Vald *(Väike-Maarja i-Centre* **[112 C3]***, Tel. 326 16 25, muuseum@v-maarja.ee).*

Nur noch Trümmer künden vom Machtstreben der Ordensritter: Toolse

AUSKUNFT

Touristeninformation
Laada 14, Tel./Fax 324 27 34, www. visitestonia.com, www.rakvere.ee

ZIELE IN DER UMGEBUNG

Kiltsi [112 C3]
Etwa 25 km südlich von Rakvere liegt das Schlossensemble Kiltsi, das einst der Familie von Krusenstern gehörte und heute eine Schule ist. Adam Johann von Krusenstern war 1803 der erste russische Weltumsegler. Hier verfasste er den »Atlas der Südsee«. Im Schloss erinnert die Admiralsstube an sein Werk. *Mo/Di 8–13, Mi–Fr 8–19, Sa/So 11–19 Uhr, Führungen unter Tel. 325 34 11, kiltsipk@v-maarja.ee*

Toolse [112 C1]
★ ◀▮▶ An der Ostseeküste, 25 km nördlich von Rakvere, ragen die romantischen Ruinen der Ordensburg Toolse empor. Um 1470 auf einer Landzunge errichtet, wurde die Burg im Nordischen Krieg des 18. Jhs. zerstört. Drei Türme blieben. Die Relikte erinnern bei bestimmtem Lichteinfall an die Stimmungen auf den Gemälden Caspar David Friedrichs.

Das Gefühl, auf einer herrschaftlichen Burg zu leben, vermittelt das etwa 20 km östlich von Toolse bei Aseri an der Ostsee gelegene exklusive *Schlosshotel Kalvi Mõis (28 Zi., Tel. 339 53 00, Fax 339 53 01, www.kalvi-hotel.com, €€€).*

Insider Tipp

Turmburg Vao [112 C3]
Der viereckige, dreistöckige Schutzturm aus dem 14. Jh., etwa 20 km südlich von Rakvere beim Gut Vao, sicherte einst die Straße. Der Turm ist heute ein Museum, das Leben und Geschichte der umliegenden Dörfer und des Guts, auf dem einst die deutsch-baltische Familie von Rennenkampff residierte, dokumentiert. *15. Mai–Aug. Do–So 11–18 Uhr, www.v-maarja.ee*

Romantische Inseln und weiße Strände

Pärnu ist die Strandperle im Westen Estlands; die Inselwelt fasziniert durch ihre Urwüchsigkeit

Der Westen Estlands ist Küstengebiet – das Leben an und mit der See formt die Menschen und das Land. Gerade die Inseln haben ein starkes eigenes Gepräge. Abseits städtischer Hektik leben die größten, Saaremaa (Ösel) und Hiiumaa (Dagö), ihr eigenes Tempo. Sie sind bekannt für ihren eigenwilligen Menschenschlag. Die Landschaft ist durchsetzt mit Windmühlen, reetgedeckten Bauernhäusern und verschlafenen Fischerdörfern. Die besondere Atmosphäre und die Großartigkeit der Natur haben auch die Unesco überzeugt: Die Inselwelt mit ihren vielen Eilanden wurde als Biosphärenreservat »Westestnische Inseln« unter Schutz gestellt. Mittelpunkt der Region ist Pärnu. Dort und in den Landkreisen Saaremaa, Hiiumaa, Läänemaa, Pärnumaa sowie Teilen von Raplamaa leben rund 180 000 Menschen.

Märkte spielen auf den Inseln eine zentrale Rolle im Handel

das bereits 1279 Stadtrecht erhielt. Zu Zarenzeiten entwickelte sich der Ort zum Kurort des St. Petersburger Adels. 1825 wurde das erste Moorbad eröffnet, und neben der Zarenfamilie kam auch Peter Tschaikowsky zu Besuch. Die Holzarchitektur und die Gassen der Altstadt, die schöne Uferpromenade und die Strände lassen noch heute etwas vom Flair eines Seebads des 19. Jhs. verspüren.

HAAPSALU

[110 C3] Von der Ostsee umspült ist das auf einer schmalen Landzunge liegende Haapsalu (12 000 Ew.),

Die Landzunge Sääretirp bildet die Südspitze der kleinen Insel Kassari

SEHENSWERTES

Bischofsburg, Domkirche (Piiskopilinnus, Tomkirik)
Die Attraktion der Stadt bilden die Ruinen der 1265 errichteten Bischofsburg mit ihren gewaltigen Mauern und die *Domkirche*. Die größte einschiffige Kathedrale im

Holzhäuser dominieren weite Teile des Stadtbilds von Haapsalu

Baltikum ist komplett erhalten. Im August sind bei Vollmondlicht im Fenster der Taufkapelle angeblich die Umrisse einer Frau zu sehen. Die Legende von der »Weißen Dame« beflügelt die Phantasie der Betrachter und den Tourismus. Der Aufstieg in den 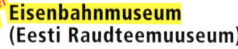 Turm der Stadtmauer wird mit einem tollen Blick über Stadt und Meer belohnt. *Lossi plats, 15. Mai–15. Sept. Di bis So 10–18 Uhr*

Kursaal (Kuursaal)

Schön renovierter, verzierter Holzsaal aus dem Jahr 1898, der heute ein *Restaurant (Tel. 473 55 05, €€€) beherbergt, unmittelbar an der See gelegen und von einem Meer aus Rosen umgeben. Promenaadi 1, Mai–Sept., www.kuursaal.ee*

MUSEEN

Insider Tipp Eisenbahnmuseum (Eesti Raudteemuuseum)

Das Museum ist allein wegen des über 200 m langen, überdachten hölzernen Bahnsteigs einen Besuch wert. 1906 gebaut, nur um dem Zaren die Ankunft angenehm zu gestalten, durchweht ein Hauch von Nostalgie den Säulengang. *Raudtee 2, Mi–So 10–18 Uhr; www.jaam.ee*

Schweden-Museum (Rannarootsi Muuseum)

Das Museum zeigt die Geschichte der schwedischen Bevölkerung in Westestland. Die Schweden verließen das Land im Herbst 1944. *Sadama 32, April–Sept. Di–Do 10–18 Uhr; Okt.–März Mi–So 10–16 Uhr; www.aiboland.ee*

ESSEN & TRINKEN

Hermannuse Maja

Kleines, modern eingerichtetes Lokal mit guter Küche. *Karja 1a, Tel. 473 71 31, www.hermannus.ee, €*

Pizza Grande

Café und Restaurant mit Jugendstileinrichtung. Prima Pizza. *Karja 6, Tel. 473 72 00, €*

Promenaadi
Schöne Lage im gleichnamigen Hotel am Meer mit Wintergarten und Terrasse. Skandinavisches Interieur. *Sadamaa 22, Tel. 473 72 50, www. promenaadi.ee,* €€

Stoori
Restaurant mit einer Inneneinrichtung in etwas kräftigen Farben. Aber Essen in XXL-Portionen. *Suur Lossi 15, Tel. 473 38 05,* €

ÜBERNACHTEN

Fra Mare
Komfortables Hotel mit großem Spa-Angebot. *72 Zi., Ranna tee 2, Tel. 472 46 00, Fax 473 74 35 www.framare.ee,* €€

Haapsalu Jahtklubi
Holzhaus mit schönen, einfachen Räumen direkt am Yachthafen. Dort kann man auch Boote und Fahrräder leihen. Ein Sandstrand ist 400 m entfernt. *21 Zi., Holmi 5a, Tel. 473 56 32,* €

Kongo
Schmuckes Hotel in schöner, renovierter Holzvilla. *21 Zi., Kalda 19, Tel. 472 48 00, Fax 472 48 09 www.kongohotel.ee,* €€

Päeva Villa
Helles, urgemütliches kleines Hotel mit zwei Gebäuden am Wasser. *18 Zi., Lai 7, Tel./Fax 473 36 72, www.paevavilla.ee,* €€

Promenaadi
Ansprechendes Ensemble: Neubau und renovierte Villa am Meer. *34 Zi., Sadama 22, Tel 473 72 50, Fax 473 72 54, www.promenaadi.ee,* €€

STRAND

Ein Bad in der Sonne und in der Ostsee können Sie am Strand von *Paralepa* am Stadtrand genießen.

MARCO POLO Highlights
»Der Westen«

★ **Strände**
Die weißen Sandstrände von Pärnu sind ein kilometerlanges Badeparadies (Seite 63)

★ **Bischofsburg (Piiskopilinnus)**
Die mächtige Burg auf Saaremaa hat alle Zeitenwenden gemeistert (Seite 57)

★ **Windmühlen von Angla**
Von Winden umtost geben sie Estlands größter Insel eigenen Charme (Seite 60)

★ **Koguva**
Ein idyllisches Dorf, das eigentlich ein bewohntes Museum ist (Seite 59)

★ **Soomaa-Nationalpark**
In diesem Park gibt es eine fünfte Jahreszeit (Seite 65)

★ **Leuchtturm Kõpu (Tahetorn Kõpu)**
Der älteste Leuchtturm an der Ostsee steht auf Hiiumaa (Seite 54)

AUSKUNFT

Touristeninformation Haapsalu
*Posti 37, Tel. 473 32 48, haapsalu
@visitestonia.com*

ZIELE IN DER UMGEBUNG

**Matsalu (Matsalu
rahvuspark)** [110–111 C–D 3–4]
Das Naturschutzgebiet und Vogel-
paradies umspannt die große, seich-
te Matsalu-Bucht südlich von Haapsalu sowie an die 50 dazugehörige
Inseln. Das Feuchtgebiet gilt als
größte Raststätte von Zugvögeln an
der Ostsee. 274 Vogelarten wurden
hier bislang registriert. Das *Infozentrum (Tel. 472 42 36, www.matsa
lu.ee)* liegt in *Penijõe* [111 D4]. Im
Sommer können Sie auch eine Ka-
nuwanderfahrt in den Naturpark
unternehmen *(www.kumari.ee)*.

Vormsi [110 C2–3]
Mit der Fähre gelangen Sie in 45
Minuten von Rohuküla nach *Sviby*
auf Vormsi. Auf der Insel (93 km^2)
leben heute nur noch etwa 300
Menschen. Vormsi lockt zum Wandern und Radeln und besitzt auf der
Halbinsel Rumpo schöne Strände.
Eine schöne, aber einfache Unterkunft bietet der Bauernhof *Rumpo
Mäe* in *Hullo (7 Zi., Tel. 472 99 32,
www.hot.ee/streng, €)* – rudern,
angeln, Radwanderungen, alles ist
dort möglich. *Fähre 1- bis 2-mal
tgl., 2 Pers. im PKW ca. 120 EEK,
www.laevakompanii.ee*

HIIUMAA

Die Insel ist zugleich der mit etwa
11 500 Ew. kleinste Landkreis Estlands. Dagö (»Tagesinsel«) heißt die

zweitgrößte Insel des Landes (1023
km^2) auf Schwedisch. Schwedische
Bauern besiedelten die Insel im
13. Jh., deren Bewohnern man eine
besondere Schlitzohrigkeit nach-
sagt. 60 Prozent Hiiumaas sind mit
Wald bedeckt, der überwiegende
Rest sind Moore, Wacholderwiesen
und Dünen. Es gibt ein wenig Landwirtschaft. Ein Straßenring verbin-
det die wenigen am Wasser liegenden Inselorte miteinander. 90 Minuten dauert die 22 km lange Fähr-
fahrt von Rohuküla zum Inselhafen
Heltermaa [110 C3] *(2 Pers. im
PKW ca. 125 EEK, www.laevakom
panii.ee)*. Von Triigi auf Saaremaa
können Sie im Sommer per Schiff
nach *Sõru* [110 B4] übersetzen *(2
Pers. im PKW ca. 115 EEK)*. Von Tallinn gibt es täglich Flüge zum
Hauptort *Kärdla* [110 B3] *(www.
avies.ee)*.

SEHENSWERTES

Kassari [110 B3] *Inside Tipp*
Die südlich gelegene Insel ist über
zwei Dämme mit Hiiumaa verbunden. Einer der schönsten Flecken
dort ist die schmale Landzunge *Sääretirp*, die an der Südspitze etwa
2 km in die Ostsee hineinragt. Im
Örtchen Kassari ist die Dependance
des *Hiiumaa Muuseum* sehenswert
(tgl. 10–17 Uhr). Dort steht ausge-
stopft der »letzte Wolf von Hiiumaa«. Doch angeblich leben wieder
graue Räuber auf der Insel.

**Leuchtturm Kõpu
(Tahetorn Kõpu)** [110 A3]
★ ☆ Etwa 60 km von Heltermaa, in der Mitte der westlichen
Halbinsel Kõpu, steht auf einem
68 m hohen Hügel das Symbol Hi-
umaas: der Leuchtturm Kõpu.

Schon 1531 errichtet, ist er heute das älteste noch tätige Leuchtfeuer im Ostseeraum. Den Turm können Sie besteigen. Aus 37 m Höhe schaut man auf die ferne See – und auf ein Meer von Bäumen. Am Leuchtturm gibt es einen Campingplatz mit *Infocenter (Tel. 469 34 74)*.

Leuchtturm Tahkuna [110 B2]

Der an der Nordspitze Hiiumaas stehende Tahkuna-Leuchtturm ist 42,5 m hoch. Der Gigant aus Gusseisen wurde 1875 zusammengebaut. Gewöhnlich ist er geöffnet, ansonsten erhält man den Schlüssel beim Leuchtturmwärter.

Schloss Suuremõisa [110 B§]

Wenige Kilometer westlich vom Hafen Heltermaa liegt in einem 22 ha großen Park das 1772 gebaute Schloss Suuremõisa, das dem Baron Otto von Ungern-Sternberg gehörte, einem Piraten, der an der Küste Leuchtfeuer vortäuschte und havarierte Schiffe ausplünderte. Der Zar schickte ihn dafür 1803 nach Sibirien.

Ein Leuchtturm wie eine Festung mitten im Wald: der Tahetorn Kõpu

Vetsitall

Insider Tipp

Gemütliches, rustikales Restaurant in einem umgebauten Gutshofstall auf der Insel Kassari. Riesenauswahl an traditioneller estnischer Küche. Zugleich gibt es dort ungewöhnliche Übernachtungsmöglichkeiten: zehn Fasshütten mit je zwei Betten in einem großen Apfelgarten. *Kassari küla, Kaina vald, Tel. 462 25 50, www.vetsitall.ee, €€*

Viinaköök

Pub, Restaurant und kleines Hotel (13 Zi.) an der Nordwestküste. Berühmt ist die Viinaköök für ihren »Hiiumaa-Wildschweinbraten« mit Sauerkraut und Beeren. *Sadama 2, Kõrgessaare, Tel. 469 33 37, www. haapsaluhotel.ee, €*

Dagen Haus

Vier wunderschöne renovierte Ferienhäuser nahe Ristna im Westen und auf Kassari mit Fahrrädern und allem modernen Equipment vermietet *Orjaku Mõisaka OÜ, Orjaku, Tel. 463 16 44, www.dagen.ee, €.*

Heltermaa Hotell

Komfortables Hotel direkt am Meer. *18 Zi., Heltermaa, Pühalepa, Tel. 469 41 46, Fax 469 41 47, www. heltermaahotell.ee, €€*

Hotell Liilia

Schmuckes kleines Hotel im Örtchen Käina im Süden der Insel. Radverleih; Fischerbootfahrten werden angeboten. *18 Zi., Hiiu 22, Käina, Tel. 463 61 46, Fax 463 65 46, www.liiliahotell.ee, €€*

Lõokese Spa Hotell

Wellnesshotel, mit Holzmöbeln eingerichtet. Zelten kann man im Park des Hauses. *37 Zi., Lõokese 14, Käina, Tel. 463 61 07, Fax 463 62 69, www.lookese.com, €– €€*

Randmäe Puhketalu

Schönes Ferienhäuschen für max. 6 Personen am Strand der Tahkuna-Halbinsel. *Mangu küla, Kõrgessaare vald, Handy 56 91 38 83, www.hot. ee/puhketalu, €*

STRÄNDE

Schöne, lang gezogene Strände gibt es auf der Kõpu-Halbinsel sowie im Norden auf der Tahkuna-Halbinsel. *Insider Tipp* Die Strände bei *Ristna* und *Kalana* sind Treffpunkt von Surfern und Kitesurfern.

FREIZEIT & SPORT

Surftraining und Brettverleih bietet das *Surf Paradiis* in *Ristna (Kõrgessaare vald, Handy 50 50 10 15, www.paap.ee)*. Weiter im Angebot: Tauchen, Jetski, Strandbuggy-Touren. Fahrräder können sie in Kärdla leihen *(Urve Merendi, Valli 16, Tel. 463 12 51, urve.merendi@mail.ee)*.

AUSKUNFT

Touristeninformation
Hiiu 1, Kärdla, Tel./Fax 462 22 32, www.hiiumaa.ee

Saaremaa, die größte estnische Insel (2671 km^2, 40 000 Ew.) bildet mit den Inseln Muhu, Vilsandi, Ruhnu und rund 500 kleinen Inseln einen Landkreis. Schotterpisten, zerklüftete Buchten, Sandstrände, Kliffe, Nadelwälder, Wacholderheiden – Saaremaa ist urwüchsig und einsam, besonders der Norden und die Sörve-Halbinsel im Südwesten. Die Insel ist mit Auto oder Rad gut zu bereisen. Jedoch: Die Straßen sind leer, die kleinen Orte liegen weit auseinander. An Benzin, Unterkunft und Verpflegung sollte man daher zeitig denken. Nach Saaremaa geht fast stündlich eine Fähre *(2 Pers. im PKW 95–175 EEK, www.laevakompanii.ee)*, vom Festlandhafen Virtsu gelangt man mit ihr in 30 Minuten nach *Kuivastu* auf der Insel Muhu [110 C4], von der ein Damm nach Saaremaa führt. Von Tallinn gibt es Flüge *(www.avies.ee)*.

Die beschauliche Inselhauptstadt *Kuressaare* (15 000 Ew.) [110 B5], das ehemalige Arensburg, ist ein kleines Zentrum für Wellnesstourismus. Schon ab 1840 entstand hier ein Kurort, der weit über die Inselgrenzen hinaus bekannt war. Mit den Sowjets kam der Bruch, denn die Stadt wurde zur militärischen Sperrzone. Das über 700 Jahre alte Kuressaare besitzt rund ums Rathaus schöne Bauten aus dem 18. Jh. Bischofsburg, nahe Strände, renovierte Holzvillen, Alleen und moderne Spa-Hotels bilden im Stadtkern ein attraktives Ensemble.

Saaremaa-Museum: Bis 800 kg und 2,30 m Schulterhöhe erreicht ein Elch

Bischofsburg (Piiskopilinnus)

★ Die Hauptsehenswürdigkeit Kuressaares ist die quadratisch-kompakte Bischofsburg mit ihren zwei mächtigen Türmen, die ab 1340 für den Bischof von Westestland gebaut und nach ihrer Zerstörung im Nordischen Krieg ab 1762 neu errichtet wurde. Je 43 m lang sind die Seiten der Festung. Die wuchtigen, 20 m hohen Mauern bestehen aus Dolomitblöcken. Die verwinkelten Gänge, das mittelalterliche Gewölbe und der Festsaal mit den Wappen machen die Burg zu einem Erlebnis. Im Burginneren ist auch das *Saaremaa-Museum* zur Inselgeschichte untergebracht *(Mai–Aug. tgl. 10–18, Sept.–April Mi–So 10–18 Uhr; www.saaremaamuuseum.ee).*

Eine spezielle Tafelfreude bietet das rustikale Bischofsmahl, das Sie in der mittelalterlichen Atmosphäre der Burg zu sich nehmen können.

Anmeldungen im Museum: Lossihoov 1, Tel. 455 44 63, muuseum@ muusuem.tt.ee, €€

Kurhaus (Kuurhoone)

Im imposanten, vollständig renovierten Holzgebäude von 1861 im Stadtpark vor der Burg befindet sich heute ein *Cafè (Lossipargi 1, Tel. 453 97 49, €€).*

Rathaus (Raekoda)

Das Gebäude im nordischen Barockstil mit den vier Löwen vor dem Portal wurde um 1670 errichtet. *Tallina 2*

Wiegehaus (Vaekoda)

Im Eichhaus gegenüber vom Rathaus wurde seit 1666 mit Gewichten hantiert. Hier wurden die auf dem Markt erstandenen Waren zur Sicherheit der Käufer und Ehrbarkeit der Verkäufer nochmals amtlich nachgewogen. Heute ist das Wiegehaus eine nette Kneipe mit

Terrasse: *Vaekoja Pub, Tallinna 3, Tel. 453 30 20, €–€€.*

ESSEN & TRINKEN

Georg Ots Spa-Restaurant
Als familien- und kinderfreundlichstes Restaurant Estlands ausgezeichnet. Zugleich ein nagelneues Spa-Hotel (91 Zi.). *Tori 2, Tel. 455 00 00, www.gospa.ee, €€– €€€*

Kapteni Kõrts
Alles rund um den Fisch. Maritime Einrichtung und Gartenterrasse. *Kauba 13, Tel. 453 30 36, €– €€*

La Perla
Hübsch-rustikal eingerichteter Italiener mit knusprigen Pizzas. *Lossi 3, Tel. 453 69 10, €€*

Pannkoogi Kohvik
Prima Pizzas, Pfannkuchen, Omeletts. *Kohtu 1, Tel. 453 35 75, €€*

Insider Tipp Tavern Veski
Etwas abseits der Altstadt. Windmühlenrestaurant und Pub auf vier Stockwerken in einer über 100 Jahre alten Holländermühle. Man serviert eine superbe *seljanka* und wohlschmeckende estnische Gerichte. *Pärna 19, Tel. 453 37 76, www.sivainvest.ee, €– €€*

ÜBERNACHTEN

Helene Villa
Helles Gästehäuschen mit Garten, 800 m von der Burg entfernt. *5 Zi., Tuule 27, Tel./Fax 453 18 00, www.saaremaa.ee/helene_villa, €*

Hotell Arensburg
Komfortabel eingerichtetes Hotel nahe der Burg, mit Restaurant und Gartenterasse. *25 Zi., Lossi 15, Tel. 452 70 00, Fax 452 47 27, www.sivainvest.ee, €€– €€€*

Hotell Johan
Schlichte, aber neue, auf rustikal-gemütlich getrimmte Unterkunft im alten Teil der Stadt. *22 Zi., Kauba 13, Tel./Fax 453 30 36, www.saaremaa.ee/johan, €€*

Laura Majustus
Kleines, individuelles Gästehaus im Zentrum Kuressaares. *4 Zi., Kohtu 2, Tel. 455 40 81, €*

Lossi Hotell
Schicke renovierte Holzvilla an der Burg mit nostalgischem Ambiente, *10 Zi, Lossi 27, Tel. 453 36 33, Fax 453 33 71, www.saaremaa.ee/housing/lossihotell, je nach Saison €– €€€*

Vanalinna Võõrastemaja
Behagliches kleines Hotel im Stadtzentrum. *14 Zi., Kauba 8, Tel. 455 33 89, Fax 453 36 89, www.vanalinna.ee, €€*

STRÄNDE

Gleich hinter der Bischofsburg befindet sich ein Sandstrand. Auch südwestlich bei *Nasva* ziehen sich Strände die Küste entlang bis nach *Järve*. Dort erreichen die Sanddünen schon mal 4 m Höhe.

FREIZEIT & SPORT

Viele Sanatorien und Hotels vermieten Fahrräder. Am Yachthafen können Sie Minigolf spielen. Der Segelhafen hat 60 Liegeplätze und ist für Gastboote gut ausgerüstet. *Tori 4, Tel. 453 35 40, www.sivainvest.ee*

Touristeninformation
*Tallinna 2, Tel./Fax 453 31 20,
www.visitestonia.com*

ZIELE IN DER UMGEBUNG

Bärensee (Karujärv) [110 A5]
Etwa 22 km nordwestlich von Kuressaare, hinter Kärdla, liegt der
idyllische, 330 ha große Badesee
mit Sandstrand in einem waldigen
Naturschutzgebiet. Der Legende
nach kämpften hier sieben Bären
(karu) gegeneinander, bis Gott sie
mit einem Sturzregen auseinander
trieb, der den See entstehen ließ.

**Kaali-Kratersee
(Kaali kraaterjärv)** [110 B5]
Der kreisrunde Kratersee bei Kaali,
16 km nordöstlich von Kuressaare,
ist eine der bekanntesten Naturschönheiten Saaremaas. Etwa 1000
v. Chr. stürzte ein 1000 t schwerer
Meteorit hier in den Boden und
schuf neun Krater – der größte ist
mit Wasser gefüllt und hat einen
Durchmesser von 110 m.

**Kliffe von Panga
(Panga pank)** [110 A4]
⚡ Einen phantastischen Blick
über die Ostsee bietet die 21 m hohe Steilküste bei Panga, die sich
über 2,5 km erstreckt. Oberhalb
des Kliffs ragt ein Leuchtturm auf.
Von Kuressaare aus fährt man 45
km nordwärts über einsame Sand-
straßen dorthin. Übernachtungsmöglichkeit sehr nahe an der Küste
im *Gästehaus Panga Puhketalu,* das
auch Stellplätze für Caravanreisen-
de und Camper anbietet. *27 Betten,
Mustjala vald, Handy 520 80 15,
www.panga.ee, €*

Insider Tipp

*Saaremaas Strände haben Platz
auch für Flipper und sein Herrchen*

Muhu [110 C4]
Das malerische Dörfchen ★ *Koguva (Koguva küla)* auf der westlichen
Seite der Insel Muhu, seit 1968 unter Denkmalschutz stehend, ist ein
bewohntes Museum. Bemooste
Steinmauern, alte Höfe, Mühlen, eine Schmiede, alte Boote – Estlands
Kulturgeschichte ist hier zum An-
fassen erlebbar. Etwa 30 Bewohner
folgen in einigen der über 100 Bauten ihrem gewohnten Tagesablauf.
In der Inselmitte in *Liiva* steht die
Katharinenkirche (1280) mit farbigen Wandmalereien. Direkt daneben können Sie sich im Bauerngast-
hof *Aki Kõrts* bei estnischer Küche
stärken *(Tel. 459 81 04, €).* Traumhaft ist der renovierte ⚡ *Gutshof
Pädaste* unweit der Fähre zum Fest-

Insider Tipp

land, ein Nobelhotel mit herrlichem Blick auf die Ostsee, 65 km von Kuressaare *(9 Zi., mehrere Gästehäuser, ein renoviertes Farmhaus, Pädaste Mõis, Muhu, Tel. 454 88 00, Fax 454 88 11, www.padaste.ee, €€€).*

Ruhnu [110 C6]

Ruhnu bedeutet Ruhe, einfaches Leben und romantisch-raue Natur. Die kleine Insel liegt etwa 70 km südöstlich von Kuressaare. Hier leben etwa 60 Menschen. Die Holzkirche von 1664 ist eine der ältesten des Landes. Von Kuressaare verkehrt sommers zwei- bis dreimal die Woche ein Schiff (2 Std. 15 Min., 200 EEK p. Pers.). *www.ruhnu.ee*

Vilsandi-Nationalpark (Vilsandi rahvuspark) [110 A5]

Der Nationalpark im Westen Saaremaas ist Vogelschutzgebiet. Auf *Vilsandi* und mehr als 150 Inselchen rasten regelmäßig Zigtausende Zug- und Wasservögel, und die Insel *Innaharu* ist die Kinderstube der Ostsee-Kegelrobben. Nach Vilsandi geht es über Kihelkonna (32 km von Kuressaare) auf einem Schotterweg zum Hafen *Papisaare.* Von dort fährt zweimal täglich ein Boot nach Vilsandi. Nähere Infos zum Parkzugang in Kihelkonna bei der *Parkverwaltung (Tel. 452 30 07)*, im Vilsandi-Informationszentrum im *Gutshof Loona (Tel. 454 65 10)* oder bei der *Touristeninformation Kihelkonna (Tel. 454 65 31).*

Windmühlen von Angla [110 B4]

★ Sie sind die pittoresken Wahrzeichen Saaremaas. Auf dem windumtosten Mühlenhügel beim Dorf Angla, etwa 35 km nördlich von Kuressaare, stehen fünf hölzerne Mühlen – vier Bockmühlen und eine Holländermühle. Einst gab es mehr als 800 Mühlen auf Saaree-

Spa-Urlaub in Estlands Westen

Sanfte, aber aktive Erholung für Geist und Körper

Das Aufladen der eigenen Batterien nach langem, dunklem Winter hat in Estland einen besonderen Stellenwert. Das schlägt sich in den Urlaubsangeboten der hochmodernen Spa-Hotels nieder, die in Pärnu, Haapsalu und Kuressaare an die alte Heilbädertradition anknüpfen. Von Aromamassagen, Schlammheilbädern und Salzkammerbehandlungen über Licht-, Kälte-, Musik- oder Lasertherapien bis zu Strahlduschen und Perlbädern reicht das Programm. Groß ist auch die Auswahl bei der kosmetischen Pflege in den Schönheitssalons. Daneben verfügen viele Hotels selbstverständlich über Fitnessräume, verschiedene Saunen und kleinere Schwimmbäder. Das kulinarische Angebot der Hotelrestaurants ist hochklassig, das Ambiente der Bars stilvoll. Im Blick hat man auch deutsche Klientel: Die Hotel-Websites sind teils deutschsprachig. Angebote auf Saaremaa: *www.sanatoorium.ee, www.parnu.ee* oder unter *www.balticsww.com/tourist/estonia/.*

Mittelpunkt eines ganzen Mühlenensembles: die Holländermühle bei Angla

ma. Etwas südlich, in Karja, befindet sich die im 14. Jh. erbaute *Katharinenkirche* mit ihren kunstvollen Wandmalereien.

PÄRNU

[111 E5] Pärnu (45 000 Ew.) ist dank seiner Lage in einer windgeschützten Bucht und der herrlichen Strände die Perle der estnischen Ostseeküste und die offizielle »Sommerhauptstadt« Estlands. Jedes Jahr zum Sommeranfang wird dem Bürgermeister ein Schlüssel als Zeichen für die zeitweilige »Machtübernahme« aus der Hauptstadt Tallinn überreicht. Und zum Saisonausklang Ende August gibt es mit viel Politprominenz ein Abschlussfest am Strand, bei dem auch schon mal der Regierungschef eine kesse Sohle aufs Parkett legt. Seit 1838 ist die einstige Hanse-

stadt Pernau ein Kurort. Die Moorbäder und der heilsam wirkende Ostseeschlamm ziehen viele Gäste in die Stadt. Die Angebotspalette der Spa-Hotels ist groß, ebenso das Kultur- und Freizeitprogramm des Seebads.

SEHENSWERTES

Altstadt
Die reizvolle Altstadt liegt auf einer Halbinsel zwischen dem Pärnu-Fluss und dem Strand und ist teilweise Fußgängerzone. Die Häuserreihen in der *Rüütli-*, der *Vee-* und der *Pühavaimu-Straße* repräsentieren unterschiedliche Baustile.

Kirchen
Die orthodoxe *Katharinenkirche (Kathariina kirik)* gilt als schönste Barockkirche Estlands und ist mit ihren mächtigen Kuppeln das Wahrzeichen der Stadt *(Vee 16, Mo–Fr*

Die Tür von Pärnus Rathaus steht einladend offen – wie schön!

11–18, Sa/So 9–18 Uhr). Unweit steht die 1747 errichtete protestantische *Elisabethkirche (Eliisabeti kirik, Nikolai 22, Mo–Sa 12–18, So 10–13 Uhr).*

Rathaus (Raekoda)
Das klassizistische Bauwerk wurde 1797 errichtet; der Anbau im Jugendstil, mit neogotischen Elementen, wurde 1911 fertig gestellt. *Uus 4*

Roter Turm (Punane torn)
Der im 15. Jh. errichtete Gefängnisturm blieb als einziges Relikt der mittelalterlichen Stadtmauer der Hansestadt Neu-Pernau erhalten. *Hommiku 11*

Lydia-Koidula-Museum
Die Dichterin auf dem 100-Kronen-Schein war die prägende Persönlichkeit des nationalen Erwachens im 19. Jh. Dieses Museum ist ihr Elternhaus. *Jannseni 37, Mi–So 10–18 Uhr*

Pärnu-Museum
Das Stadtmuseum befasst sich mit der kulturgeschichtlichen Entwicklung des Pärnuer Gebiets. *Rüütli 53, Mi–So 11–18 Uhr, www.pernau.ee*

Pärnuer Museum für Moderne Kunst (Pärnu Uue Kunstii Muuseum/Chaplini Kunstikeskus)
Nichts von Charlie – er ist nur Namensgeber –, sondern moderne Kunst in wechselnden Ausstellungen. Das Museumscafé ist ein Künstlertreff. *Esplanaadi 10, tgl. 9–21 Uhr, www.chaplin.ee*

Mõnus Margarita
Texmex-Küche und Gegrilltes. Wohl einer der populärsten Treffpunkte in Pärnu. *Akadeemia 5, Tel. 443 09 29, www.servitri.ee, €€*

Rannahotell

Toprestaurant in renoviertem Nobelhotel (62 Zi.) mit Blick auf den weißen Strand. Internationale Küche. Sonnabends Pianomusik. Einen wunderbare Sicht aufs Wasser hat man auch von der 🌿 Dachterrassenbar. *Ranna 5, Tel. 443 29 45, www.scandic-hotels.ee, €€€*

Steffani

Eher ein wirklich gutes Restaurant (Salate, Pasta) als eine typische Pizzeria. *Nikolai 24, Tel. 443 11 70, www.steffani.ee, €– €€*

Insider Tipp Trahter Postipoiss

Russisches Restaurant im Herzen Pärnus. Das rustikale »Gasthaus zum Kutscher« wurde 1844 als Pferde-Poststation errichtet. Straßencafé im Sommer. *Vee 12, Tel. 446 48 64, www.restaurant.ee, €€*

EINKAUFEN

Insider Tipp Kunstzentrum Chaplin (Chaplini Kunstikeskus)

Im Museum für moderne Kunst befindet sich ein Souvenirgeschäft: Bilder, Karten, Glas, Leder, Pullover. *Esplanaadi 10, www.chaplin.ee*

Lina Classic

Handgefertigte feine Leinendecken, -taschen und -kleidung. *Rüütli 31, www.linaclassic.com*

ÜBERNACHTEN

Bristol Victoria

Renoviertes Grandhotel mit dem noblen Charme der 1920er-Jahre und dem Restaurant Café Grand. *17 Zi., Rüütli 45, Tel. 444 34 12, Fax 444 34 15, www.victoriahotel.ee, €€– €€€*

Delfine Külalistemaja

Komfortables, helles Gästehaus mit guter Einrichtung, nur 250 m bis zum Strand. *20 Zi., Supeluse 22, Tel. 442 69 00, Fax 442 69 01, www.delfine.ee, €– €€*

Jahisadama Külalistemaja

Yachthafen-Gästehaus – schicke Unterkunft mit maritimem Einschlag am Pärnu-Fluss. *18 Zi, Lootsi 6, Tel. 447 17 40, Fax 447 17 51 www.jahisadam.ee, €€*

Promenaadi

Schöne grüne Villa an einer Allee. Moderne Räume. *5 Zi., Tammsaare 16, Handy 56 61 76 23, www.local.ee/promenaadi, €€*

Villa Ammende

Jugendstilvilla, Spitzenhotel und exklusives Restaurant mit mediterraner Küche und Sommerterrasse. *24 Zi., Mere 7, Tel. 447 38 88, Fax 447 38 87, www.ammende.ee, €€€*

Zimmervermittlung (Majutusbüroo)

Apartments und Zimmer von 10 bis 30 Euro pro Tag. *Hommiku 5, Tel. 443 10 70, Fax 442 75 86, Mo–Fr 11–18 Uhr*

STRÄNDE

★ Der Strand beginnt hinter der Ranna-Straße. Kilometerlang ziehen sich die feinen, weißen Sandstrände an der Bucht entlang. Das Ufer der Ostsee fällt seicht ab – ein Badeparadies. Seit 2001 weht zudem am Pärnuer Strand die Blaue Flagge – das Symbol für hohe Umweltstandards. Weitere Strände schließen sich im Süden an den Pärnuer

Im Fall des Falles fällt man weich: wippen am Strand von Pärnu

Strand an: Im 6 km entfernten *Valgerand*, in *Kabli* oder *Matsirand* lässt es sich prima baden.

FREIZEIT & SPORT

Citybike (im Maritime Hotel, Seedri 4, Juni–Aug. tgl. 10–20 Uhr, www.citybike.ee) bringt Ihnen das Leihrad auch nach Wunsch. Das Tennisracket schwingen können Sie in der *Tennisehall (Tammsaare 39, tgl. 9–22 Uhr, Tel. 442 72 46, www.tennisehall.ee)*.

AM ABEND

Club Tallinn
🏃 Fängt spät an, dreht gewaltig auf: Szenetreff für viele junge Leute in einem Seitenflügel des Kuursaal. *Mere 22, Di–Sa 22–5 Uhr*

Konzerthaus (Konsterdimaja)
Insider Tipp
Modernstes Konzerthaus des Landes, 2002 eröffnet. Im Gebäude haben auch die Stadtgalerie, die Musikschule und ein Musikgeschäft ihr Zuhause gefunden. *Aida 4, Tel. 445 58 00, Programm: www.pkmconcert.ee*

Kursaal (Kuursaal)
Pärnus historischer Kursaal liegt am Strandbereich. Das preiswerte Restaurant mit Außenplätzen wandelt sich abends zum Nachtclub. In der Saison jeden Tag Livemusik. *Mere 22, Mo–Fr 12–2, Sa/So 12–4 Uhr, Tel. 442 03 67, www.kuur.ee*

Sunset Club
🏃 Eine Disko am Meer – hier finden die Strandfeste ihre Fortsetzung. *Ranna 3, Mi–So 22–4 Uhr, www.sunset.ee*

AUSKUNFT

Touristeninformation
Rüütli 16, Tel. 447 30 00, Fax 447 30 01, www.parnu.ee

Kihnu [111 D5]

Die knapp 40 km südlich von Pärnu gelegene, 17 km^2 große Insel mit ihren 500 Ew. ist eine andere Welt. Die Frauen dort tragen noch dicke, gestreifte Wollröcke wie ihre Urgroßmütter. Die handgefertigten Kihnu-Pullover stammen von hier. Sehenswert sind das kleine Museum und das Grab des Seefahrers Kihnu Jõnn. Einen Pub gibt es auch. Von *Munalaid,* 50 km nordwestlich von Pärnu, gehen täglich zwei Fähren *(Mai–Okt., Fahrtdauer 50 Min., 2 Pers. im PKW ca. 190 EEK, Tel. 445 75 00).*

Nigula [111 E6]

Etwa 45 km südlich von Pärnu liegt das 28 km^2 große Moorschutzgebiet Nigula, durch das ein 6,8 km langer Lehrpfad aus Holzstegen führt, den man nach Voranmeldung bei der *Schutzgebietsverwaltung* in *Vana Järve (Tel. 445 17 60, www. nigula.ee)* mit Expertenbegleitung abwandern kann. In diesem Refugium für Vogelarten wie Schwarzstorch und Blauracke sind gelegentlich auch Elche, Bären und Wölfe unterwegs.

Soomaa-Nationalpark (Soomaa rahvuspark) [111 F4–5]

★ Der 370 km^2 große Nationalpark wurde im Jahr 1993 gegründet, um die Tier- und Pflanzenwelt der Hochmoore, die artenreichen Überschwemmungsgebiete und die unterschiedlichen Waldformen zu schützen. Die verschiedenartige Natur und die fünf Jahreszeiten – die fünfte ist das Frühjahrshochwasser – machen die Region zu einem beliebten Ausflugsziel. Im Soomaa-Gebiet leben 100 Menschen – eher Adler, Schwarzstorch, Elch, Wolf, Bär, Luchs und Biber haben hier ihr Zuhause. Das *Infozentrum (Di–So 10–18 Uhr, Tel. 435 71 64, www. soomaa.ee)* des Parks liegt in *Kõrtsi-Tõramaa,* 41 km nordöstlich von Pärnu. Dort können Sie sich über Lehrpfade, Angelscheine, Reitangebote, Aussichtstürme und Wanderhütten informieren. Wenn Sie mögen, können Sie sich hier auch am Bau eines Einbaums *(haabjas)* beteiligen. Boote oder sogar eine schwimmende Sauna kann man in der Nähe des Orts Jõesuu im *Saariso-Kanuzentrum* des Veranstalters Karuskose mieten *(Tori vald, Handy 56 18 96, www.soomaa.com).*

Strände Richtung Lettland [111 E5–6]

Die 60 km Küste entlang der E 67 von Pärnu bis hin zur lettischen Grenze sind von einsamen Sandstränden gesäumt. Bei *Uulu* findet man auch Sanddünen, ebenso bei *Rannametsa.*

Tori [111 E4]

Etwa 20 km nordöstlich von Pärnu liegt das Gestüt Tori, das seit Mitte des 19. Jhs. die gleichnamige estnische Pferderasse züchtet. Die dunklen Warmblüter sind vielseitig einsetzbar, groß und zugkräftig. *Tori Hobusekasvandus, Pärnu 13, Tori vald, Handy 528 62 84, www.hot. ee/torihobune/ger*

Trahter Kuld Lõvi [111 E4]

Die renovierte Schänke »Zum Goldenen Löwen« aus dem 18. Jh., 7 km nördlich von Pärnu, ist ein beliebtes Ausflugsziel. Hervorragende estnische Küche. *Audru vald, Tel. 443 31 82, www.kuldlovi.ee, €€*

Dichte Wälder und stille Seen

Im Süden Estlands gibt die Natur den Ton an – mit der Universitätsstadt Tartu als pulsierendem Zentrum

Ein Meer von Bäumen, sanfte Hügel, Seenketten, mäandernde Flüsse sowie weite Wiesen am Peipussee – der Süden Estlands ist von ergreifender Schönheit und Einsamkeit zugleich. Die Menschen gelten als bodenständiger, traditionsbewusster und auch eigenwilliger als die im Norden. So genießt der »Mulk«, ein estnischer Zeitgenosse aus dem Gebiet Mulgimaa um das Städtchen Viljandi, den Ruf, besonders stark, geizig, aber auch unternehmungslustig zu sein. Die Leute aus Võrumaa wiederum unterscheiden sich im Dialekt erheblich von ihren Landsleuten. Stolz und großes Selbstbewusstsein sagt man ihnen nach. Stolz und selbstbewusst wird im Süden Estlands auch das Brauchtum gepflegt, sodass dieser Landesteil die Hochburg der Volkskunst ist. Alljährlich werden hier berühmte Folklorefeste gefeiert. Rund 350 000 Menschen leben in den entvölkert wirkenden Landkreisen Viljandimaa, Võrumaa, Valgamaa, Põlvamaa, Jõgevamaa und Tartumaa. Auf den Straßen fährt man lange, ehe einem ein Auto entgegenkommt.

Vom Suur Munamägi blickt man bis weit nach Russland hinein

In der Universitätsstadt Tartu gehört der Laptop zum Handwerkszeug

OTEPÄÄ

[114 B3] Das kleine Städtchen (2500 Ew.) nennt sich stolz die »Winterhauptstadt« Estlands. Die waldig-hügelige Gegend mit den vielen Seen ringsum gilt als die Schweiz des Baltikums. Die »Berge« sind zwar nur um die 200 m hoch, doch mit 120 Tagen Schnee im Jahr ist das Gebiet ein Eldorado für Skilangläufer. Sogar Alpinski ist auf kurzen Abfahrten möglich, dazu Eisangeln, Motor- und Pferdeschlittenfahrten. Selbst eine Sprungschanze gibt es hier. Im Sommer ist die Region ein Traum für Radler, Wanderer, Kanuten und Badefreunde. Der buchtenreiche *Pühajärv* (Heiligensee) direkt am Ort gilt als schönster See der Gegend.

Hier blockiert kein Handtuch den Liegestuhl: Hotel Pühajärve Puhkekodu

SEHENSWERTES

Die Kirche ist das älteste Bauwerk (1870). Im Pfarrhaus *(Kirikumõis)* befinden sich das kleine *Skimuseum (Di–So 9–14 Uhr)* und das *Flaggenmuseum (Mo–So 9–21 Uhr)*. Hier wurde 1884 die estnische Fahne geweiht. Hinter der Kirche beginnt der Aufstieg zum Berg *Linnamäe*, auf dem einst eine vorzeitliche Burg stand. Erhalten geblieben sind Ruinen aus der Ordenszeit. Die Geschichte Otepääs findet sich im *Regional- und Heimatmuseum (Koolitare 9, Di–So 10–17 Uhr)*. Das Besteigen des *Väike Munamägi (Kleiner Eierberg)* am Ortsausgang wird mit einer bis zu 50 km weit reichenden Aussicht belohnt.

ESSEN & TRINKEN

Edgari Külalistemaja
Kleines Lokal in einem Gästehaus. Warme und kalte Küche wie Seljanka und Karbonade. Als Spezialiät hausgemachter Apfelkuchen mit Eis. *Lipuväljak 3, Tel. 765 42 75, www.hot.ee/karnivoor, €€*

Hermanni Pubi
Nette Kneipe mit Snacks und vielen Sportlerautogrammen an der Wand. *Lipuväljak 10, Tel. 765 56 34, €€*

ÜBERNACHTEN

Bernhard
Schöne Naturlage etwas außerhalb des Orts. Komplett ausgestattet, gutes Restaurant. *32 Zi., Kolga tee 22A, Tel. 766 96 00, Fax 766 96 01, www.bernhard.ee, €€*

Karupesa Hotell
Gemütliches, modernes Hotel mit 29 Zimmern und gutbürgerlichem Restaurant unmittelbar neben den Wintersportanlagen. *Tehvandi 1A, Tel. 766 15 00, Fax 766 16 01, www.karupesa.ee, €€*

Pühajärve Puhkekodu
Hotelkomplex in einem ehemaligen Rittergut, direkt am See Pühajärv gelegen, mit Restaurant, Fahrradverleih, Wellnessbereich und großzügiger Terrasse. *98 Zi., Pühajärve, Tel. 766 55 00, Fax 766 55 01, www.pyhajarve.com, €€*

Setanta
♨ Kleines Hotel mit phantastischem Blick über den See Pühajärv. Zugleich ein netter Pub mit toller Außenterrasse, estnischer und irischer Küche. *9 Zi., Nupli küla, Otepää vald, Tel. 766 82 08, Fax 766 82 01, www.setanta.ee, €€*

Insider Tipp **Sportzentrum Kääriku**
Der großzügige Komplex nahe Otepää verfügt über eine Sporthalle, Spielplätze, eine Leichtathletikanlage und ein Schwimmbad. Die Anlage ist gut geeignet für Trainingslager von Mannschaften und Seminare. Aber auch Normalurlauber können hier gut unterkommen. *118 Schlafplätze in Einzel-, Doppel- und Gruppenzimmern, Kääriku, Otepää vald, Tel. 766 56 00, Fax 766 56 67, www.kaariku.com, €€*

Annimatsi
Ein schöner Platz für Biker, Wanderradler und Jugendgruppen. 14 Caravanplätze mit Elektrizität. Ausgeschildert – der Platz liegt etwas abseits der Straße Otepää–Sihva in einem Wald unweit des Sees Kärnjärv. Ganzjährig geöffnet. *Pühajärve, Otepää vald, Tel. 767 16 42, Fax 766 12 29*

FESTIVAL

Eine faszinierende Verbindung von Musik und Natur pur können Sie beim *Leigo-Festival* im Sommer erleben. **Insider Tipp** Kammermusik-, klassische und Rockkonzerte finden auf einer Inselbühne im Leigo-See, etwa 8 km nördlich von Otepää, statt. Die Zuhörer selbst sitzen am Seeufer. Die Events dauern bis in die Nacht, Fa-

---

MARCO POLO Highlights
»Der Süden«

★ **Johanneskirche (Jaani kirik)**
Terrakottaskulpturen und -köpfe sind ihr faszinierender Fassadenschmuck (Seite 71)

★ **Universität (Tartu ülikool)**
Traditionscampus mit toller Architektur (Seite 72)

★ **Großer Eierberg (Suur Munamägi)**
Dieser Berg ist ein wahrer Riese im Baltikum (Seite 80)

★ **Olustvere**
Das im Jugendstil erbaute Gutsensemble erinnert mit Park und Allee an herrschaftliche Zeiten (Seite 79)

★ **Väike-Taevaskoja**
Bei Põlva hat die Natur eine Felsen- und Höhlenlandschaft von ergreifender Schönheit geschaffen (Seite 77)

ckeln und Kerzen tauchen den See dann in ein romantisches Licht. *Tel. 509 13 44, www.leigo.ee*

Touristeninformation Otepää
Lipuväljak 13, Tel. 766 12 00, www.otepaa.ee

ZIELE IN DER UMGEBUNG

Harimäe-Turm [114 B4]
 Ungefähr 10 km südlich von Otepää, bei Kääriku, ist der Berg Harimägi mit 211,3 m eine der höchsten Erhebungen des Landes. Eine 24 m hohe Aussichtsrampe ermöglicht einen Panoramablick.

Jõgeveste [114 A4]
Auf dem Gutshof 30 km südwestlich von Otepää liegt das Mausoleum des russischen Feldmarschalls Barclay de Tolley. Der deutsch-baltische Adlige war russischer General und hatte maßgeblichen Anteil an Napoleons Niederlage in Russland. 1814 nahm er Paris ein. Der Einmarsch ist auf einem Relief am Grab abgebildet. *Mi–So 9–17 Uhr*

Karula-Nationalpark (Karula rahvuspark) [114 B5]
In diesem 103 km² großen Schutzgebiet 45 km südlich von Otepää leben Elche, Wölfe und Luchse. Wanderpfade führen durch den Park. Badeplatz und *Infocenter* am See Ähijärv *(Antsla, Tel. 782 83 50, www.karularahvuspark.ee)*.

Sangaste [114 B4]
Das Schloss liegt 22 km südlich von Otepää. Der Bau aus rotem Backstein im Tudor-Stil ähnelt Windsor Castle und wurde Ende des 19. Jhs. errichtet. Der letzte deutsch-baltische Schlossherr Friedrich von Berg wurde bekannt als Züchter der winterfesten Roggensorte »Sangaste«. Das Schloss, das stetig renoviert

Schickes Hotel in herrschaftlichem Schloss: Taagepera

wird, ist heute auch eine zweckmäßige Herberge für Veranstaltungen, *18 Zi., Lossiküla, Sangaste, Tel. 767 93 00, www.sangasteloss.ee, €*

Taagepera [112 B6]

Auf Estnisch lautet so der Name der Familie von Stackelberg, die hier einst residierte. Das heutige Hotelschloss liegt 55 km südwestlich von Otepää in einem großen Park nahe der Grenze zu Lettland. Umgebaut wurde es 1912 von der Familie von Stryck, und ab 1918 wurde es zum Sanatorium. Der 40 m hohe Schlossturm bietet einen imposanten An- und Ausblick. Die Hotelzimmer sind sehr ansprechend, das Restaurant prima. Die »Happy Suite« verfügt sogar über einen eigenen Kamin. Ein Wohlfühlplatz. *32 Zi., Helme vald, Tel. 766 63 90, www. taageperaloss.ee, €€€– €€€*

TARTU

Karte in der hinteren Umschlagklappe

[113 D5] Das Zentrum des Südens ist die Universitätsstadt Tartu. Etwa 100 000 Ew. zählt die zweitgrößte Stadt Estlands, rund 20 000 von ihnen sind Studenten. »Suudlevad tudengid« (Küssende Studenten) – die Steinfiguren eines Pärchens auf dem Brunnen des Rathausplatzes drücken viel über das Lebensgefühl der Stadt aus und zeigen, welche Bedeutung die 1632 vom Schwedenkönig Gustav Adolf gegründete Uni für Tartu hat. Als Wiege der nationalen Kultur ist Tartu für alle Esten zugleich der geistige Gegenpol zur Wirtschaftsmetropole Tallinn.

Vom mittelalterlichen hanseatischen Stadtkern des einstigen Dorpat ist allerdings nicht viel geblieben. In mehreren Kriegen brannten die Häuser ab. Das heutige Zentrum aus dem 19. Jh. um Rathaus und Uni ist klassizistischen Ursprungs. Doch gibt es um die Altstadt schöne Straßenzüge und Quartiere, in denen zwei- bis dreistöckige Holzhäuser stehen. Molekularbiologie, Medizintechnologie, Möbelindustrie sowie die Brauerei A. le Coq gehören zu den Vorzeigewirtschaftsbranchen.

SEHENSWERTES

Botanischer Garten (Botaanikaaed)

Der 1803 angelegte Garten der Uni, mit Palmenhaus und Rosengarten, beherbergt 6500 Pflanzenarten auf 3 ha Fläche. *Lai 40, Mai bis Okt. 10–17 Uhr*

Domberg (Toomemägi)

 Die Ruine der mittelalterlichen *Domkirche (Toomkirik, Lossi 25)* thront auf dem Domberg in einer Grünanlage mit vielen Wanderwegen. Der Weg zum Berg führt über die Lossistraße unter der Engelsbrücke hindurch. Ihr Gegenstück ist die Teufelsbrücke westlich am Berg. Um die Domruine herum erinnern Denkmäler an Persönlichkeiten, die die Geschichte der Uni und der Stadt prägten.

Johanneskirche (Jaani kirik)

★ Das Wahrzeichen Tartus ist wegen seiner zahlreichen Terrakottaskulpturen und -köpfe (etwa 200 sind erhalten), die zum Teil angesehenen Bürgern des mittelalterlichen Tartu nachempfunden sind, ein europaweit einzigartiges Kleinod der Gotik. 1944 schwer beschä-

Einem griechischen Tempel nachempfunden: das Hauptgebäude der Uni

digt, wurde die Restaurierung der Johanneskirche im Juni 2005 feierlich abgeschlossen. *Jaani*

Rathaus, Rathausplatz (Raekoda, Raekoja plats)

Täglich um 12, 18 und 21 Uhr erklingt vom Turm des frühklassizistischen *Rathauses* (1789) ein Glockenspiel. Der trapezförmige *Rathausplatz* ist von klassizistischen Gebäuden umrahmt, unter denen das »schiefe Haus« (Nr. 18) eine Besonderheit ist. Es wurde 1793 auf Pfählen auf feuchtem Untergrund errichtet. Als der Wasserspiegel sank, neigte sich das Haus zur Seite. Pisa lässt grüßen.

Sternwarte (Tähetorn)

Sie wurde Anfang des 19. Jhs. auf dem Domberggelände errichtet. Besuch im Observatorium mit Planetariumsshow nur nach Voranmeldung. *Lossi 40, Mo–Fr 8.30–17 Uhr, Tel. 737 57 98, www.ahhaa.ee*

Universität (Tartu ülikool)

★ 1632 gegründet, wurde die Uni vor Beginn des Nordischen Kriegs 1699 geschlossen und erst 1802 von Zar Alexander I. wieder eröffnet. Das beeindruckende klassizistische Hauptgebäude mit den ionischen Säulen wurde 1809 eingeweiht. Deutsch war die Unterrichtssprache in Dorpat, wie Tartu zu der Zeit hieß. Viele deutsche Gelehrte studierten oder lehrten hier; sie brachten Kants Philosophie der Aufklärung und den Idealismus nach Tartu. Die wunderschöne Aula des Hauptgebäudes mit ihrer Empore ist seit jeher Ort für alle festlichen Veranstaltungen an der Uni. *Ülikooli 18, www.ut.ee*

MUSEEN

Estnisches Nationalmuseum (Eesti Rahva Muuseum)

Das 1909 gegründete Museum gibt einen umfassenden Überblick über

Geschichte, Volksgruppen und Traditionen aller Regionen Estlands. *Kuperjanovi 9, Mi–So 11–18 Uhr, www.erm.ee*

Stadtmuseum Tartu (Tartu Linnamuuseum)
Gezeigt wird die Stadtgeschichte von den Anfängen bis zu Einblicken in die Gegenwart. *Narva 23, Di–So 11–18 Uhr*

Universität-Kunstmuseum (Ülikool Kustimuuseum)
Das älteste Museum Estlands existiert seit über 200 Jahren und beherbergt Kopien pompeiischer Wandmalereien, Gipsabdrücke antiker Statuen, aber auch sumerische, ägyptische und griechische Originalstücke. Daneben präsentiert es wechselnde Ausstellungen: Malerei, moderne estnische Kunst oder russische Ikonen. *Ülikooli 18, Mo bis Fr 11–17 Uhr, www.ut.ee*

Auf Anfrage im Kunstmuseum kann man sich den »Studentenknast« im Uni-Hauptgebäude zeigen lassen. Dort wurden früher Studiosi, die gegen den Ehrenkodex der Uni verstoßen hatten, bei Wasser und Brot auch schon mal über Wochen arretiert.

Universitätsmuseum (Ülikooli Ajaloo Muuseum)
Zu sehen sind arabische Globen (14. Jh.), die Insignien des Rektors und ein alter Autopsieraum. Besonders interessant ist die Buchsammlung des Bibliothekars Karl Morgenstern (1767–1852). Gezeigt wird auch die Flagge der ersten estnischen Studentenverbindung, die Vorläufer der heutigen Nationalfahne ist. *Lossi 25, Mi–So 11–17 Uhr, www.ut.ee*

ESSEN & TRINKEN

Atlantis
Noch gebaut im sowjetischen Sputnik-Stil, aber schöner Blick auf die Altstadt und den Fluss Emajögi. Französische und estnische Küche. *Narva 2, Tel. 738 54 85. www.atlantis.ee, €€€*

Café Shakespeare
Geboten wird neben dem Essen (Koteletts, Fisch) auch Livemusik. Das Café besitzt eine große Terrasse und liegt neben dem Vanemuine-Theater. *Vanemuise 6, Tel. 744 01 40, www.shakespeare.ee, €– €€*

Crepp
Insider Tipp

Leichte französische Küche, auch als Take-away. Das Crepp wurde 2004 als bestes estnisches Café mit dem »Silverspoon« ausgezeichnet. *Rüütli 16, Tel. 742 21 33, €*

Krambambuli
🏃 Café, lebendige Studentenkneipe. *Ülikooli 20, Tel. 737 54 01, €*

Püssiroh Kelder
Insider Tipp

Der Backsteinbau – früher ein Pulverkeller, den die Russen 1778 im Festungsbereich bauten – ist heute eine urig-gemütliche Restaurant-Kneipe. *Lossi 28, Tel. 730 35 55, www.pyss.ee, €€*

Vana Kohvik
Charmantes Café im Jugendstil mit estnischem Mittagstisch. *Ülikooli 20, Tel. 737 54 02, www.kohvik.ut.ee, €– €€*

Werner
🏃 Traditionscafé, Restaurant und Bäckerei im Herzen der Stadt. Leckerer Kuchen, viel studentisches

Publikum und Leute, die gern eine Partie Schach spielen. *Ülikooli 11, Tel. 744 12 74, €– €€*

EINKAUFEN

Antoniushof (Antoniuse gild)
Hier können Sie den Kunsthandwerkern in ihren Ateliers bei der Arbeit zuschauen. Im Hof selbst finden Märkte und Konzerte statt. *Jaani 6/Lutsu 5, Di–Fr 11–17 Uhr, www.antonius.ee*

ÜBERNACHTEN

Barclay
Gediegenes Hotel mit 49 Zimmern im Herzen der Altstadt, Domberg und Rathaus vis-à-vis. *Ülikooli 8, Tel. 744 71 00, Fax 744 71 10, www.barclay.ee, €€€*

Draakon
Charmante Unterkunft mit Bierkeller und gutem Restaurant. Nur wenige Meter von Universität und Rathaus. *41 Zi., Raekoja plats 2, Tel. 744 20 45, Fax 743 35 40, www.draakon.ee, €€€*

Ihaste
Ansprechende Unterkunft mit Restaurant, Bowlingbahn und speziellen Angeboten für Familien. *46 Zi., Pallase 25/27, Tel. 733 10 60, Fax 733 10 48, www.ihastehotell.ee, €€*

Kantri
Neueres Hotel der Mittelklasse, etwas außerhalb der Altstadt. *29 Zi., Riia 195, Tel. 738 30 44, Fax 747 72 13, www.kantri.ee, €€*

London
Neues Hotel in der Innenstadt, nahe der Universität. *60 Zi., Rüütli 9,* *Tel. 730 55 55, Fax 730 55 56, www.londonhotel.ee, €€€*

Salimo
Nüchtern gehaltenes Gästehaus. *32 Zi., Kopli 1, Tel./Fax 736 18 50, dagmar.lind@mail.ee, €– €€*

Starest
Gutes, zweckmäßiges und preiswertes Hotel in einem Vorort. *48 Zi., Mõisavahe 21, Tel. 740 06 74, Fax 748 93 62, www.starest.ee, €*

Uppsala Maja
Inside Tipp
Schmuckes, kleines, restauriertes Holzhäuschen inmitten der Altstadt. *5 Zi., Jaani 7, Tel. 736 15 35, Fax 736 15 36, www.uppsalamaja. ee, €€*

Vikerkaare
Kleines, freundliches Gästehaus im beschaulichen Stadtteil Tähtvere, zehn Minuten ins Zentrum. *11 Zi., Vikerkaare 40, Tel. 742 11 90, Fax 742 11 92, www.hot.ee.tdc, €€*

FREIZEIT & SPORT

In Tartu lässt's sich gut radeln, speziell am Fluss entlang. Verleih: *Velospets, Riia 130, Tel. 738 04 06,* oder *Sports Store SportTex, Raekoja plats 11, Tel. 740 10 00*

AM ABEND

Jazz Club Illegaard
Jazzclub mit Galerie. Treff von Künstlern und Musikern. Montags ist Pianomusik angesagt. *Ülikooli 5*

Konzerthaus (Kontserdimaja)
Das Programm ist vielfältig: Klassik, Chormusik und Jazz. *Vanemuise 6, Tel. 737 75 30, www.concert.ee*

Krooks

🏃 Szenetreff für Studenten. Geöffnet bis zum Sonnenaufgang, also 4.30 Uhr morgens. *Jakobi 34*

Vanemuine Theater

Das 1870 gegründete Theater ist das älteste Estlands. Ballett, Oper und Schauspiel sind im Programm. *Vanemuise 6, Tel. 744 01 65, www. vanemuine.ee*

Wilde

🏃 Café, Restaurant und Pub in einem. Die beiden Dichter Oscar Wilde und der Este Eduard Wilde sind sich nie begegnet, sitzen aber als Bronzefiguren vor der Tür. *Vallikraavi 4, Tel. 730 97 62, €€*

AUSKUNFT

Touristeninformation

Es gibt individuelle deutschsprachige Stadtführungen. *Raekoja plats 14, Tel./Fax 744 21 11, www.tartu.ee*

ZIELE IN DER UMGEBUNG

Peipussee (Peipsi järv)

Die Grenze zwischen Estand und Russland verläuft von Nord nach Süd mitten durch den fünftgrößten See Europas (3548 km^2), der eine Länge von 150 km hat. Er lässt sich sowohl von Tartu als auch von Narva aus gut erreichen. Bis nach *Kauksi* [113 E3] am Nordufer sind es von Tartu etwa 90 km. Einsame Strände und die Weite des Sees lassen hier den Puls ruhiger schlagen. Weiter südlich liegt die kleine Stadt *Mustvee* [113 D3] mit vier Kirchen für Baptisten, Lutheraner, Orthodoxe und Altgläubig-Orthodoxe. Kurz hinter Mustvee erstreckt sich das Straßendorf *Raja* 8 km nach Süden am Peipussee entlang. Die hölzernen Fischerhütten mit den Zwiebel- und Gurkengärten vermitteln ein Gefühl, irgendwo tief in Russland zu sein. Hier leben russische Altgläubige, Fischer, deren Vorfahren

Auf die Weiler am Ufer des Peipussees trifft der Begriff »beschaulich« zu

seit dem 16. Jh. am Westufer des Sees Zuflucht suchten.

Reizvoll ist ein etwa 90-minütiger Trip von Tartu aus mit dem *Insider Tipp* Tragflügelboot »Polaris« 65 km durch das Delta des Emajögi-Flusses und über den See zum Naturparadies auf der dünn besiedelten Insel *Pirissaar* [115 D2]. Die größte Insel im See (»Grenzinsel«) ist östlichster Vorposten der EU-Außengrenze. Schön ist hier die Kirche der Altgläubigen im Ort Piiri. *Tartu Sadam AS, Soola 7, Tartu, Tel. 734 00 66, www.transcom.ee, 200 EEK*

Põltsamaa [112 C4]

Interessante Kleinstadt (5000 Ew.) etwa 50 km nordwestlich von Tartu. Auf Ordensburgruinen wurde im 18. Jh. ein *Rokokoschloss* errichtet, das im Zweiten Weltkrieg zerstört wurde. 1970 begann der Wiederaufbau. In den Schlosshof integriert sind die *Nikolaikirche* und das *Stadtmuseum (tgl. 10–18 Uhr)*. Auch Sommerkonzerte finden im Schlosshof statt.

Põltsamaa ist die Weinstadt Estlands. *Insider Tipp* Beerenweine werden hier ebenso hergestellt wie der »Põltsamaa Punane«, ein Apfelwein. Sogar ein Weinfest gibt es alljährlich im Schlosshof, in dem sich auch der *Weinkeller (Põltsamaa veinikelder, Lossi 1b, www.poltsamaafelix.ee)* befindet. Außerdem besitzt das Städtchen einen *Rosenpark* mit über 900 Sorten *(www.poltsamaalane.pri.ee)*. Touristeninformation: *Lossi 1, Tel. 775 13 90*

Taevaskoja [113 D6]

Die berühmteste Attraktion des Kreises Põlvamaa hat der Ahja-Fluss malerisch in die Landschaft einge-

Setu – die Indianer Estlands

Im Südosten Estlands hat sich ein kleines Völkchen seine einzigartige Kultur bewahrt

Ein Eintauchen in eine andere Welt ist eine Fahrt nach Setumaa, in das Land der Setu. Im menschenleeren, waldreichen Südosten Estlands lebt dieser archaisch wirkende finno-ugrische Volksstamm, den man ironisch-liebevoll auch als »Indianer Estlands« bezeichnet. Die etwa 10 000 Köpfe zählenden Setu haben sich Bräuche und Sitten ihrer Vorfahren erhalten und pflegen ihre farbenprächtigen Trachten, ihre Lieder, Tänze und Feste. Der slawische Einfluss ist dabei unverkennbar. Die Setu sind russisch-orthodoxen Glaubens, auch finden sich in ihrer Religion schamanistische Elemente. Die seit 1991 bestehende Grenze zu Russland hat Setu-Land und viele Setu-Familien geteilt – ihr Kernsiedlungsgebiet um die Stadt Petseri ist heute russisch. Ein regionales Zentrum der Setu ist Värska. Über das Leben der Setu informiert in *Värska* [115 E4] das *Seto Talumuuseum (Pikk 40, Mai–Sept. tgl. 10–17 Uhr, Okt.–März Di–Sa 10–16 Uhr, www. hot.ee/setomuuseum)*.

kerbt und dabei über 20 m hohe Sandsteinbänke und Höhlen ausgespült: Der 13 m hohe und 190 m lange Felsen ★ *Väike-Taevaskoja* (Kleine Himmelshalle) liegt etwa 40 km südlich von Tartu, knapp 5 km vor Põlva. In den aufragenden Sandstein öffnet sich die *Neitsikoobas* (Mädchenhöhle), eine Felsgrotte mit einer Wasserquelle. Mit 24 m Höhe ist die nahe *Suur-Taevaskoja* (Große Himmelshalle) der höchste Sandsteinfelsen. Die Stromschnellen des Ahja, die dunklen, hohen Kiefernwälder und die weiß bis terrakottafarben leuchtenden Sandsteinwände bilden eine phantastische Landschaft.

Wenige Kilometer nördlich liegt das »Ameisenreich Akste«. Etwa 3 Mia. Ameisen leben im *Akste-Naturpark* – verteilt auf 20 km² gibt es ca. 1500 Ameisenhaufen, die zum Teil mannshoch sind. *Führungen: Tel. 799 81 98, www.polvamaale. ee.* Übernachtungsmöglichkeiten in der Gegend gibt es u. a. im *Relvo Sport-Motell (13 Zi., Valgjärve, Tel. 799 80 68, www.relvosport.ee, €)* in *Saverna* [114 C3].

Die Kleine Himmelshalle verschafft ein wenig »Grand-Canyon-Feeling«

Vooremaa-Seenplatte [115 D4]
Ein Paradies für Wassersportler und Angler sind die Seen im Vooremaa-Gebiet, etwa 15 km nördlich von Tartu. Ein beliebter Badesee ist der *Saadjärv.* Unweit davon, im Gutshofpark von *Elistvere,* befindet sich ein *Tierpark (Loomapark, tgl. 10–17 Uhr)* mit Bären, Luchsen und Wisenten.

Das Örtchen *Palamuse,* eine der ältesten Gemeinden Estlands, ist das Urlaubszentrum der Region. Eine Glashütte, eine Wassermühle, eine 800 Jahre alte Kirche und ein *Kirchspielschulmuseum* gibt es hier

(Mai–Okt. tgl. 10–18 Uhr). Etwas nördlich liegt am gleichnamigen See das *Herrenhaus Kuremaa,* 1843 im Stil des Klassizismus erbaut. Es ist Schule und Museum zugleich *(Voranmeldung: Tel. 776 25 81).* Die Gutsanlage ist von einem schönen Park umgeben.

VILJANDI

[112 B5] Die sechstgrößte Stadt Estlands (21 000 Ew.) ist Zentrum des Kreises Viljandimaa. Nur noch wenige Relikte zeugen von der einst

Auch in Städten wie Viljandi gibt es noch viele Holzhäuser und Feldwege

mächtigen Ordensburg Fellin und der Hansezeit der Stadt. Eine 50 m lange Hängebrücke führt über den Burggraben zum Schlosspark mit den Ruinenfragmenten und einer Freilichtbühne. Von den Ruinen aus öffnet sich ein malerischer Blick auf den Viljandi-See *(Viljandi järv)*, der die Bewohner mit einem schönen Sandstrand erfreut.

MUSEUM

Viljandi Muuseum
In der 1780 erbauten Apotheke ist die Geschichte von Stadt und Burg gut dokumentiert. *Laidoneri plats 10, Mi–So 10–17 Uhr*

ESSEN & TRINKEN

Endla Kohvik
Kleines Restaurant – vom Fischgericht bis zum Kuchen. *Endla 9, Tel. 433 53 02, €€*

Viljandi Kohvik
Bodenständige, schmackhafte Küche. *Lossi 31, Tel. 433 30 21, €*

ÜBERNACHTEN

Grand Hotel Viljandi
Elegantes Hotel hinter recht unattraktiver Fassade. Restaurant mit internationaler Küche. *49 Zi., Tartu 11, Tel. 435 58 00, Fax 435 58 05, www.ghv.ee, €€– €€€*

Hotell Centrum
Liegt im 3. Stock eines Geschäftszentrums und besitzt ein gutes Restaurant. *27 Zi., Tallinna 24, Tel. 435 11 00, Fax 435 11 30, www. centrum.ee, €€*

Männimäe
Gästehaus an einem kleinen Gewässer am Stadtrand. *13 Zi., Riia 52d, Tel. 435 48 45, www.mannim aja.ee, €€*

Touristeninformation Viljandi
*Vabaduse 6, Tel. 433 04 42, viljan
di@vivitestonia.com*

Heimtali [112 B5]
Etwa 7 km südwestlich von Viljandi können Sie in einem ehemaligen Schulhaus eine Sammlung alter Handarbeiten bewundern. Zu sehen sind auch Gegenstände aus der bäuerlichen Wirtschaft und ein etwa 100 Jahre altes Klassenzimmer *(Heimtali Muuseum, Pärsti vald, Di–So 9–13.30 u. 14.15–17 Uhr)*. In der Nähe liegt der gleichnamige *Gutshof Heimtali* mit einem wunderschönen Park. Dort befindet sich auch das *Gestüt Heimtali*, das Reitausflüge und Kutschfahrten anbietet *(Handy 507 08 32)*.

Olustvere [112 B4]
★ An der Straße von Viljandi nach Tallinn zeigt ein Wegweiser nach etwa 15 km in Richtung Olustvere. Diese im Jugendstil gebaute Gutsanlage, die inmitten eines weiten englischen Parks liegt, ist durch eine wunderschöne lange Allee erreichbar. Heute befinden sich im Gut ein kleines Café, ein Museum und ein Infocenter für die Region. Im Herrenhaus sind alte Möbel sowie im 2. Stock mehr als 50 holzgeschnitzte Pferdemotive zu bewundern. Das *Museum (Mai–Aug. Mo–Fr 10–17, Sa/So 11–16 Uhr, Sept.–April Mo–Sa 10–16 Uhr)* zeigt eine interessante Sammlung von rund 170 präparierten Tieren sowie 500 Insektenarten. *Olustvere vald, Tel. 437 42 80, www.olustve re.edu.ee/~loss/ger*

Võrtsjärv [112 C5–6]
Der See ist mit 270 km^2 der zweitgrößte Estlands. Nur 3 m tief, wird er im Sommer schnell warm. Wegen seines verschilften Ufers sind Badestellen rar. Bei *Kivilõppe*, südwestlich von Viljandi, und an der Nordspitze bei *Vaibal* gibt es aber schöne Bademöglichkeiten.

VÕRU

[114 C4] Eingebettet in die Höhenzüge Südostestlands liegt das Städtchen (16 000 Ew.) am Ufer des Tamula-Sees. Es beeindruckt durch ein schachbrettartig aufgebautes Straßennetz: Võru wurde 1784 von Zarin Katharina II. am Reißbrett gegründet. Viele zweistöckige Holzhäuser prägen den Stadtkern, den eine orthodoxe und eine lutheranische Katharinenkirche *(Katariina kirik)* bereichern. Die Võru-Region mit ihren dichten Wäldern, den Urstromtälern und Seen ist ein bei Anglern, Wanderern und Wintersportlern beliebtes Erholungsgebiet.

Kreutzwaldi Memoriaalmuuseum
Aus Võru stammte der Verfasser des Nationalepos »Kalevipoeg«, der Arzt Friedrich Reinhold Kreutzwald. Seine Praxis ist heute ein kleines Museum. *Kreutzwaldi 31, Mi bis So 11–18 Uhr*

Olle Nr. 17
Preiswert und nett mit Kneipenflair. Kleine Suppen, saftiges Rumpsteak. *Jüri 17, Tel. 782 84 61,* €

Ränduri Pubi

Kneipenrestaurant und einfaches Gästehaus (9 Zi.) in der Innenstadt. Gute Hausmannskost nach Art des Landes. *Jüri 36, Tel. 786 80 50, €*

EINKAUFEN

Insider Tipp

Karma Antiques

Neben der Katharinenkirche kann man in einem alten Gebäude in Estlands wohl größtem Antikladen stöbern. *Koidula 14, www.antiques.ee*

ÜBERNACHTEN

Hotel Kubija

Im Ortsteil Kubija nahe dem gleichnamigen See mit gutem Restaurant. Jüngst komplett renoviert. *57 Zi., Männiku 43a, Tel. 786 60 00, Fax 786 60 01, www.kubija.ee, €€*

Tamula

Modernes Hotel mit 22 Zimmern, direkt am See. Fahrradverleih und umfassende Wintersportangebote: Eisfischen, Skilanglauf im angrenzenden Haanja-Naturpark, Snowboarden und Alpinski in Kütiorg. *22 Zi., Vee 4, Tel. 783 04 30, Fax 783 04 31, www.tamula.ee, €€*

AUSKUNFT

Touristeninformation Võru

Tartu 31, Tel. 782 18 81, voru@visitestonia.com

ZIELE IN DER UMGEBUNG

Großer Eierberg (Suur Munamägi) **[115 D5]**

★ Der Berg ist mit 318 m der höchste Punkt des Baltikums. Er liegt 18 km südlich von Võru beim Dorf Haanja. Vom Aussichtsturm, der einen Lift besitzt, bietet sich ein bis zu 80 km weit reichender Blick tief nach Russland oder Lettland hinein *(Mai–Sept. tgl. 10–20, Okt. Sa/So 10–17 Uhr; www.suurmuna*

Eine ganze Reihe solch friedlicher Seen findet sich im Haanja-Naturpark

magi.ee). Zu Füßen des Großen Eierbergs erstreckt sich der *Vaskna järv,* ein schöner Badesee. Beide liegen im 170 km^2 großen *Haanja-Naturpark (Haanja looduspark)* mit seinen tiefen Tälern und vielen malerischen Seen *(www.hanjapark.ee)*.

Wollen Sie diese traumhafte Natur länger genießen, sollten Sie einen Stopp auf dem *Hof Vaskna* direkt am See machen. *13 Zi., Plaksi küla, Haanja vald, Tel. 782 91 37, www.vaskna.ee, €*

Piusa-Sandsteinhöhlen (Piusa küla) [115 D4]

Mehr als 20 km Tunnel und Höhlen hat man bis 1966 bei Piusa in den weichen Sandstein gegraben, um Quarzsandstein abzubauen. Die Höhlen liegen etwa 23 km östlich von Võru. Ein Spaziergang unter Tage und mit fachkundiger Führung lohnt nicht nur wegen der großen Fledermauskolonie *(Orava vald, Põlvamaa)*. Infos bei der Touristeninformation in *Põlva (Kesk 42, Tel. 799 50 01)*.

20 km weiter nördlich sollten Sie die 1938 als solche identifizierten *Meteoritenkrater von Ilumetsa* [115 D4] besuchen. Am Rand eines Waldgeländes an der Straße von Põlva nach Varska begrüßen Sie zur Einstimmung hölzerne Teufelchen, denn im Volksmund gelten die Krater als Tore zur Hölle. Einen architektonischen Abstecher von dort ist das klassizistische *Herrenhaus Sillapää* in Räpina wert. Im Gutspark wachsen über 300 Baum- und Straucharten *(www.rapina.ee)*.

Gute Übernachtungsmöglichkeiten in der Region bieten das *Ferienzentrum Hirvemäe (12 Zi., Silla 4, Tel. 797 61 05, Fax 797 61 14, www.hirvemae.ee, €)* in *Värska*

[115 E4] sowie das *Hotell Pesa (30 Zi., Uus 5, Tel. 799 85 30, Fax 799 85 31, www.kagureis.ee, €€)* in *Põlva* [115 D3].

Rõuge [114 C5]

Die wie in die Landschaft geschnitzten Urstromtäler und die sieben malerischen Seen um das Örtchen Rõuge, 14 km südwestlich von Võru, sind von besonderem Reiz. Mit 38 m ist der *Rõuge Suurjärv* der tiefste See Estlands. Das nur 300 m lange *Tal der Nachtigallen (Ööbikuorg)* hinter der Marienkirche von Rõuge, dessen 15 m hohe Hänge von dichtem Laubwald bestanden sind, ist im Frühjahr von Vogelgezwitscher erfüllt.

Urvaste [114 B4]

Die einzige Basilika Estlands, die nicht in einer Stadt zu finden ist, steht beim Dörfchen Urvaste, etwa 25 km westlich von Võru oberhalb des Sees Uhtjärv. Und noch etwas gibt es dort zu bestaunen. Nahe der Dorfschule steht ein Ehrfurcht einflößender Baum: die *Tamme-Lauri tamm.* Diese etwa 550 Jahre alte Eiche hat einen Stammumfang von 8 m und eine Höhe von rund 20 m; ihr hohler Stamm wird durch Beton gestützt. Diese Eiche ziert den estnischen Zehn-Kronen-Schein.

Vastseliina [115 D5]

Knapp 20 km südöstlich von Võru liegt auf einem Höhenzug bei der Gemeinde Vana-Vastseliina die Ruine der Bischofsburg Vatseliina. Die im Nordischen Krieg zerstörte Festung wirkt noch immer faszinierend romantisch. Am Burghang wartet die alte Grenzkneipe *Piiri Kõrts (Tel. 782 92 14, €)* auf hungrige Gäste.

Von Schlössern, Seen, nahen Inseln

Die Touren sind in der Karte auf dem hinteren Umschlag und im Reiseatlas ab Seite 110 grün markiert

1 **FASZINIERENDE NATUR, IMPOSANTE SCHLÖSSER**

Der Ausflug führt von Tallinn in Richtung Osten durch das urwüchsige Naturparadies des Lahemaa-Nationalparks und von dort zum Peipussee (Peipsi järv). Entlang des riesigen Binnenmeers fahren Sie weiter bis zur Universitätsstadt Tartu. Für die etwa 300 km lange Tour sollten Sie mehrere Tage einplanen.

Nach Ihrem Start in Tallinn verlassen Sie die Fernstraße 1 Richtung Narva bei etwa km 50 hinter Kuusalu und biegen links nach Kolga und Vōsu ab. Vorbei an Mooren und durch Kiefernwälder führt die etwa 20 km lange Strecke zur Küste. Vor Vōsu geht eine kurze Stichstraße zum Örtchen *Käsmu (S. 40)* an der gleichnamigen Bucht. Das verträumte Käsmu war zu Zarenzeiten als »Dorf der Kapitäne« bekannt. Deren Holzvillen und das Meeresmuseum legen Zeugnis davon ab. Große Findlinge liegen hier

Palmse im Lahemaa-Nationalpark: einst Gutshof, heute Museum

zu Hunderten am Wasser, mächtige Überbleibsel der letzten Eiszeit. Entlang der Küste und um Käsmu gibt es herrliche Wanderwege. Weiter geht die Fahrt zum feinen Sandstrand von *Vōsu* in der Mitte der Käsmu-Bucht. Die hier flache Ostsee lädt zum Baden ein. Von Vōsu gelangt man über die Vergi-Halbinsel zum 500 Jahre alten Fischerdorf *Altja (S. 40)* mit der restaurierten Dorfschänke *Altja Kõrts* – Zeit für eine Pause.

Die Tour führt nun in einem Bogen westwärts ins Landesinnere, vorbei an den drei deutsch-baltischen Gutsanlagen Vihula, Sagadi und Palmse. Das in Altrosa gehaltene *Sagadi Mōis* besitzt einen schönen Park, und in einem Nebengebäude ist ein *Forstmuseum* untergebracht *(Mai–Sept. tgl. 11–18 Uhr)*. Im barocken Gutsschloss von *Palmse (S. 39)* lebte bis 1923 die Familie von der Pahlen. Heute beherbergt es u. a. ein kleines *Museum (Mai bis Sept. tgl. 10–19, Okt.–April tgl. 10–17 Uhr)*. Beeindruckend sind die riesigen Kachelöfen, die die großzügigen Wohnräume des Adels beheizten. Schlendern Sie ein wenig durch den weitläufigen Landschaftspark (18 ha), der hinter dem

Schloss beginnt. Von Palmse ist es nur eine kurze Fahrt bis *Viitna* und zum Restaurant *Viitna Kõrts (S. 40)* an der Fernstraße 1, die Sie Richtung Narva weiterfahren. Kurz vor Rakvere lohnt ein Abstecher auf der Straße 20 zur Küste nach Kunda, zu den westlich davon emporragenden Relikten der *Ordensburg Toolse (S. 49)*. Zurück geht es nach *Rakvere (S. 47)*. Dort sollten Sie unbedingt den Wallberg (Vallimägi) mit den imposanten Ruinen der Ordensburg erklimmen, die die Stadt zu beherrschen scheinen.

Von Rakvere brechen Sie auf der Straße 21 zum Peipussee auf. Die einsame Strecke führt etwa 50 km durch Kiefernwälder und an kleinsten Dörfern vorbei bis zum Abzweig nach Avinurme. Auf der Straße 35 Richtung Osten und wenige Kilometer auf der Schotterstraße 88 südwärts gelangen Sie zum Nordufer des *Peipussees (S. 75)* bei Rannapungerja und Kauksi. Die Dünen und die einsamen Sandstrände sind traumhaft schön. Übernachten können Sie in zwei romantischen Holzhütten im Wald, 2 km von Kauksi entfernt: *Kauksi Puhkemaja (4 bzw. 10 Betten, Tel. 337 29 96, Fax 336 92 73, http://my.tele2.ee/kauksipuhkemaja, €)* oder bei *Kauksi Camping (Juni–Sept., Hanseni 17, Iisaku vald, Tel. 339 38 40, Fax 339 35 95, http://tisler.ee)*.

Vom Norden des Peipussees fahren Sie am Ufer entlang südwärts zum Hauptort *Mustvee*, einem Zentrum der Altgläubigen. Das angrenzende Straßendorf *Raja* vermittelt einen Hauch von tiefstem Russland. Weiter geht aus auf der Straße 43. Für ein – eventuell mehrtägiges – Innehalten am Peipussee bietet sich das *Marja-Haus* beim Dörfchen

Ranna an, ein Gästehaus mit einem weiten Blick auf den See und viel Atmosphäre *(6 Zi., Tel./Fax 776 53 66, www.marjanmaja.com, €)*. Nur wenig südlich davon liegt der Fischerort *Kallaste* an der einzigen Steilküste des Peipussees, einem roten Sandsteinkliff von 600 m Länge. Auch das nahe, sehr englisch wirkende *Schloss Alatskivi*, ein schöner neugotischer Bau, ist einen Halt wert: Das um 1880 errichtete Schloss wird peu à peu renoviert und ist schon jetzt ein Kulturzentrum *(Mai–Sept. Mi–So 9–19 Uhr, www.muusaa.ee)*. Von dort ist es noch eine halbe Autostunde auf der 43 bis nach *Tartu (S. 71)*, wo die Reise endet.

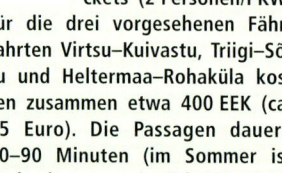

2 INSELSPRINGEN IN DER OSTSEE

Über die Inseln Muhu, Saaremaa und Hiiumaa führt die Route von Virtsu wieder zurück aufs Festland zum Seebad Haapsalu. Die Tickets (2 Personen/PKW) für die drei vorgesehenen Fährfahrten Virtsu–Kuivastu, Triigi–Sõru und Heltermaa–Rohaküla kosten zusammen etwa 400 EEK (ca. 25 Euro). Die Passagen dauern 30–90 Minuten (im Sommer ist Vorbuchung ratsam, Tel. 452 44 44, www.laevakompanii.ee). Planen Sie für die ca. 300 km lange Strecke mit Abstechern drei Tage ein.

Die Fahrt beginnt mit einer kurzen Seereise von *Virtsu* zum Inselhafen *Kuivastu* auf *Muhu (S. 59)*. Schon kurz hinter Kuivastu führt ein Abzweig von der Straße 10 südwestlich auf einer Schotterpiste zum *Gutshotel Pädaste (S. 59)* mit kleinem Restaurant und Park, das Sie einfach sehen sollten. Weiter geht es auf der 10 vorbei an Wacholderheiden und Kiefernwäldern in Richtung Kuressaare. In der Mitte von Muhu lohnt die *Katharinenkirche* (1280) in *Liiva* mit ihren Malereien einen Besuch. Direkt daneben können Sie sich im *Aki Kõrts (S. 59)* stärken. Auch die *Bockwindmühle* von *Eemu* ist einen Stopp wert. Beide Ziele liegen direkt an der Strecke. Die kleine Hofwindmühle knapp 1 km vor dem Damm nach Saaremaa ist ein *Museum (15. April–Sept., Mi–So 10–18 Uhr)*.

Schon etwa 3 km zuvor führt eine Teerstraße 6 km rechts ab zum *Museumsdorf Koguva (S. 59)*. Der Tooma-Hof mit dem moosbegrünten Steinwall am Dorfeingang ist das Geburtshaus des Schriftstellers Juhan Smuul und heute ein *Museum (im Sommer tgl. 10–19 Uhr; sonst Mi–So 10–18 Uhr)*. Sollten Sie Gefallen an der Idylle finden,

können Sie in einigen der alten Bauernhäuser ein preiswertes Quartier für die Nacht buchen *(www.saaremaa.ee//koguva)*. Zurückgekehrt zur 10 gelangen Sie über einen etwa 2 km langen Damm zur Insel *Saaremaa (S. 56)*.

Gleich nach dem Damm hält der Ort *Orissaare* einen Schnappschuss für Sportbegeisterte bereit: Er besitzt den wohl weltweit einzigen Fußballplatz, auf dem fast in der Spielfeldmitte eine große Eiche steht. Weiter führt die Straße vorbei an Elch-Warnschildern, Feldern, Wacholderheiden, Kiefern- und Birkenwäldern. Etwa 16 km vor der Inselhauptstadt Kuressaare sollten Sie sich die 3 km rechter Hand hinter einer Waldstraße liegenden *Meteoritenkrater von Kaali (S. 59)* anschauen. Der Weg ist gut ausgeschildert. Der große Kratersee liegt hinter der örtlichen Schule. Zurück auf der Hauptstraße sind es noch 20 Autominuten bis *Kuressaare (S. 56)*.

Insider Tipp

Moosbewachsener Steinwall als Einfriedung im Museumsdorf Koguva

Eine prima Übernachtungsmöglichkeit vor dem Inselzentrum finden Sie auf der Rootsi-Halbinsel. Der *Ferienhof Aadu* ist bestens ausgerüstet *(5 Zi., Suure-Rootsi küla, Pihtla vald, Tel. 452 95 50, Fax 452 11 03, www.aadutalu.ee, €)*. Nehmen Sie die Abfahrt Richtung Püha und fahren Sie dann über Vaiver zur Halbinselspitze Suure-Rootsi.

Nach einem Tagesbesuch in Kuressaare geht die Fahrt über die asphaltierte Straße 79 nordwärts Richtung Leisi und Triigi, von wo im Sommer viermal täglich die Fähre nach Hiiumaa verkehrt. Etwa 35 km hinter Kuressaare passieren Sie das Wahrzeichen Saaremaas: die fünf *Windmühlen von Angla (S. 60)*. Durch Leisi gelangen Sie dann zur einsamen Mole von Triigi und setzen von dort die 15 km nach Sõru auf Hiiumaa über.

Von Sõru sind es etwa 37 km die Küste entlang (Straße 84) zum *Leuchtturm von Kõpu (S. 54)*, dem Wahrzeichen *Hiiumaas (S. 54)*. Zurück nehmen Sie die etwa 30 km lange einsame Schotterstraße quer durch die Insel, durch Kiefern- und Mischwälder, die sich mit Heiden abwechseln, südwärts bis *Käina*. Die Käina-Bucht ist ein interessantes Vogelschutzgebiet. Erwägen Sie auch einen Abstecher auf die reizvolle *Kassari-Halbinsel (S. 54)*. Von Käina aus sind es noch 14 km bis zum Inselhafen *Heltermaa*. Von Heltermaa setzen Sie per Fähre aufs Festland nach *Rohuküla* über. Auf der Weiterfahrt zum wenige Kilometer entfernten *Haapsalu (S. 51)* kommen Sie an der Schlossruine von *Ungru* und den Hangars von *Kiltsi* vorbei. In Haapsalu endet die Tour, vielleicht bei einer Tasse Kaffee im Kursaal an der Ostsee.

3 VON LANDSTÄDTCHEN ZU LANDSTÄDTCHEN

 Der Tagesausflug führt durch den Norden des Landkreises Viljandimaa über den Blumenort Türi bis zum Städtchen Paide, dem Zentrum des Landkreises Järvamaa. Länge der Strecke: 90 km.

Sie starten in *Viljandi (S. 77)* und fahren auf der Straße 49 nordwärts, vorbei an kleinen Seen und Mooren. Etwa bei km 14 biegen Sie hinter Mudiste links ab auf die Straße 57 zum 7 km entfernten *Suure Jaani*. Das Örtchen lockt mit einem malerischen Stausee. Sehenswert sind auch das Denkmal des altestnischen Freiheitskämpfers Lembitu und die Kirche. In die Innenwand des Kirchturms ist »Annes Kreuz«, ein so genanntes Kreiskreuz, eingemauert. Der Legende nach soll eine Frau namens Anne während des Livländischen Kriegs Pesttote gewaschen und angekleidet haben. Aus Dankbarkeit fertigten Bauern das Kreuz. Auf dem Friedhof ruhen einige Große der estnischen Kulturgeschichte wie der Maler Johann Köler und der Komponist Artur Kapp. Ein *Museum* informiert über das Schaffen der Musikerfamilie Kapp *(Tallinna 30, April–Okt. Di–Sa 10–13.30 u. 14–17 Uhr, Nov.–März tgl. 11–15 Uhr)*.

Auf dem nördlichen Weg zurück zur Straße 50 liegt der *Lõhavere linnamägi*, der Burghügel. Die nach dem Helden Lembitu benannte einstige Burg wurde im 12. Jh. errichtet. Knapp 3 km weiter steht die *Gutsanlage Olustvere (S. 79)* in einem schattigen Park: Herrenhaus, Nebengebäude, Schmiede und Speicher sind komplett erhalten.

Auch in der »Kalksteinstadt« Paide gibt es Häuser aus Holz

Auf einer Allee geht die Fahrt weiter, bis Sie auf die Straße 50 nach Norden einbiegen. In Võhma fahren Sie 7 km Richtung Põltsamaa, ehe es links nach *Pilistvere* geht. Die dortige Kirche hat übrigens den höchsten Turm aller ländlichen Kirchen Estlands.

Von Pilistvere fahren Sie nun wenige Kilometer auf einem Schotterweg bis Kabala – queren dabei die Straße 50 – und fahren dann auf der Straße 26 noch etwa 14 km weiter zur Blumenstadt *Türi* (7000 Ew.). Im Mai gibt es dort einen weithin bekannten Blumenmarkt. Parks, Alleen und ein Stausee verschaffen dem Ort ein entspanntes Flair. Radiofreunde sollten einen Blick ins *Rundfunkmuseum* werfen *(Vabrikku 11, Di–Sa 10–17 Uhr, www.rhmuuseum.ee).*

Von Türi sind es noch 12 km bis zum Zielort *Paide* (9500 Ew.). Auf dem Weg dorthin passieren Sie eine ungewöhnliche Landschaft aus etwa 60 eiszeitlichen, bis zu 70 m hohen Hügeln. Die so genannten *Drumlins* ermöglichen teils schöne Ausblicke auf die Landschaft. Das Städtchen Paide selbst charakterisiert sich als »Herz Estlands« – *Eestima süda.* Paide heißt übersetzt Kalksteinstadt: Das Baumaterial der mittelalterlichen Häuser stammte aus Kalksteinbrüchen in der Nähe. In der Stadt sollten Sie die Ruinen der Ordensburg mit ihrem 30 m hohen Wehrturm besuchen: Im *Pikk Hermann* befinden sich eine Filiale des Heimatmuseums (Mi–So 11–18 Uhr), eine Galerie sowie ein Café. Eine Aussichtsplattform erlaubt einen wunderbaren Blick über die Stadt. Sehenswert sind auch die klassizistischen Häuser am Hauptplatz *Keskväljak* – wie der *Kaubahoov,* ein Handelshof aus dem 18. Jh., und das Rathaus.

Segeln und radeln, angeln und reiten

Das Angebot für Aktivurlauber ist in den vergangenen Jahren erheblich erweitert worden

Sportlich kommen sich die Balten nicht in die Quere. In Litauen ist Basketball die Nummer eins, die Letten haben im Eishockey ihre Stärken, und die Esten sind in Individualsportarten erfolgreich. Erki Nool, Zehnkampf-Olympiasieger, und Andrus Veerpalu, Goldmedaillengewinner im 50-km-Skilanglauf, sind nationale Größen. Auch im Segeln und Radfahren stellen die Esten gute Athleten – Sportarten, denen die Natur Entfaltungsmöglichkeiten bietet. Den touristischen Wert ihrer Natur für Aktivurlauber haben die Esten erkannt: In Estland können Sie tagelang über einsame Straßen radeln, durch Wälder und Heiden wandern, paddeln, reiten, segeln, tauchen, Golf spielen und angeln. Der Schwerpunkt des Angebots liegt im Wassersport, im Reiten und bei Radwanderungen. Und noch etwas: Estland ist ein Wintersport-Geheimtipp.

ANGELN

Angeln hat in Estland Nationalsportcharakter. Angeln ohne Rute, nur mit Haken und Schnur, ist li-

Soomaa-Nationalpark: Wasser, Wald, Blockhaus und Kanus wie in Kanada

zenzfrei, ansonsten brauchen Sie einen Angelschein. Ein tolles Angelrevier ist der Soomaa-Nationalpark; Lizenzen gibt es im Infozentrum *(www.soomaa.ee)*, aber auch bei den lokalen Touristinformationen. Der Verband »Urlaub auf dem Land« vermittelt speziell in Südestland Ferienhäuser mit Angelrevier *(Eesti Maaturism, Vilmsi 53B, Tallinn, Tel./Fax 600 99 99, www.maaturism.ee)*. In Tallinn ist der Angelclub *Tallinna Kalaspordi Klubi (Pärnu 42, Tel. 644 46 90)* erste Adresse für eine Lizenz *(3-Tage-Lizenz 18 EEK, Jahreslizenz ca. 190 EEK, für bestimmte Flüsse bis zu 500 EEK). www.flyfishing.ee*

BIRDWATCHING

Estland ist ein Eldorado für Vogelfreunde. Exakt 333 Vogelarten gibt es im Land. Fürs Birdwatching attraktiv ist das Vogelschutzgebiet Kassari in der Kaina-Bucht auf Hiiumaa. 92 Arten können Sie hier von Beobachtungsständen und -pfaden aus entdecken. Im Soomaa-Nationalpark gibt es Kanutouren zur Vogelbeobachtung *(www.soomaa.com/ger)*. 120 Vogelarten, darunter Wachtelkönig und Schwarzstorch, haben hier eine Heimat. Vogeltouren in Westestland: *Moonsund (Vabaduse 5, Kärdla/Hiiumaa, Handy 56 48 09 98, www.moonsund.ee)* oder *Kumari Reisid (Läänemaa, Tel. 477 82 14, www.kumari.ee)*. Einen Überblick über Schutzgebiete gibt die Ornithologische Gesellschaft: *www.loodus.ee/eoy*.

GOLF

Dieser Sport ist im Kommen. 23 km von Tallinn entfernt liegt der *Estonian Golf & Country Club* an der Ostsee, eine Golfanlage mit 27 Löchern *(Jõelähtme, Manniva, Büro Tallinn: Maakri 23 A, Tel. 666 21 21, www.egcc.ee)*. 19 km südlich von Tallinn befindet sich der *Suuresta Golfclub*, ein 9-Loch-Kurs, der noch erweitert wird *(Suuresta, Rae vald, Harjumaa, Tel. 507 74 70, www.golfest.ee)*. Infos über Golfplätze unter *www.golf.ee*.

KAJAK, KANU & RAFTING

Tret- und Ruderboote können Sie an vielen Seen mieten. Sommerhausvermieter und Ferienhöfe haben häufig Boote mit im Angebot. Etliche Veranstalter organisieren Kanutouren. Der Ahja-Fluss im Südosten ist eher etwas für Einsteiger, während der Võhandu einige Stromschnellen aufweist. Anbieter sind *Kagureis (Tel. 799 85 30, www.kagureis.ee)* und *VesiPapp (Tel. 514 54 30, www.vesipapp.ee)*. Beliebt ist auch das Rafting mit Schlauchbooten auf dem Pirita-Fluss, Veranstalter ist *VeeTee (Tel. 767 99 63, www.veetee.ee)*. Reizvoll sind Kajakwandertouren auf der Ostsee durch die estnische Inselwelt, Anbieter sind *Seikleja (Tel. 513 71 41, www.seikleja.com)* und

Insider Tipp

Reimann Retked (Tel. 511 40 99, www.retked.ee). Informationen über Kanutrips im Soomaa-Nationalpark unter *www.soomaa.com*.

RADFAHREN

Die schönste Region für Radfahrer ist das waldreiche, leicht hügelige Gebiet Südestlands zwischen Pärnu und Tartu. Es gibt dort geführte Touren; Alleinradler benötigen spezielle Reiseliteratur. Der Radclub *Vänta Aga* hat unter *www.bicycle.ee* Touren beschrieben, Radläden und Reparaturwerkstätten aufgelistet. Landesweit Räder verleiht *Hawai Express (www.hawai.ee)*. In Tallinn können Sie bei *BC Rent (Lauluväljak, Tel. 520 62 04)* und *Citybike (Narva 120B, Tel. 511 18 19, www.citybike.ee)* Räder mieten. Citybike bietet auch Stadtführungen per Rad und Tagestouren nach Lahemaa und Paldiski an; die Räder werden per Auto zurückgebracht. Auf Saaremaa vermietet *Bivarix (Tallinna 26, Kuressaare, Tel. 455 71 18, www.bivarix.ee)* Räder. Die Leihgebühr liegt überall zwischen 8 und 14 Euro pro Tag, es gibt aber ermäßigte Wochentarife.

Insider Tipp

REITEN

Viele Urlauber-Bauernhöfe und Ferienanlagen bieten Reitunterricht, Ausritte und mehrtägige Touren an, besonders im Südosten und um den Lahemaa-Nationalpark herum. Unter *www.visitestonia.com* sind rund 50 Reiterferien-Angebote aufgelistet. Auf dem *Gut Kohala* bei Rakvere können Sie auf Islandpferden die Gegend genießen *(Tel. 325 77 96, www.kohalamois.ee)*. Das *Gestüt Heimtali* bei Viljandi bietet Unter-

Auf den Nationalparkwegen führen Holzsteige über moorigen Untergrund

richt für Anfänger, Touren, Kutsch- und Schlittenfahrten sowie Ponyreiten für Kinder an *(Tel. 507 08 32, http://my.tele2.ee./hobusekasvandus)*. Auf Hiiumaa können Sie am Meer und im Wald galoppieren *(Kassari Ratsamatkad, Tel. 508 36 42, www.kassariratsamatkad.ee)*.

SEGELN

Schöne Segelreviere sind die estnische Inselwelt, die Vooremaa-Seenplatte oder auch der Võrts-See. Infos zu Yachthäfen an der Ostsee gibt es beim Seetourismus-Verband unter *www.agentuur.ee/sadamad/harbour*. Boote für Törns in die Tallinner Bucht chartern können Sie bei *Spinnaker (Pärnu 327, Tallinn, Tel. 504 30 31, www.spinnaker.ee)*. Der Tallinner Schoner »Iris« segelt in die Inselwelt und bis zu den finnischen Ålands *(Regati 1–33, Tel. 506 81 52, www.kippar.ee)*.

WANDERN

Durch fast alle Naturschutzgebiete führen markierte Pfade. Schöne Wanderstrecken besitzt der Lahemaa-Nationalpark *(www.lahemaa.ee)*. Im Soomaa-Park gibt es etliche gekennzeichnete Routen, dort kann man auch einen Guide buchen *(www.soomaa.ee)*. Rund um Otepää und den Pühajärv in Südestland führen herrliche Wege; Touren und Anbieter unter *www.otepaa.ee*. Hikingtouren auf Hiiumaa: *http://turism.moonsund.ee*

WINTERSPORT

In und um Otepää dreht sich alles um Skilanglauf. Loipen führen durch eine traumhafte Natur. Skier können Sie in vielen Hotels leihen. Auch in den Landkreisen Võrumaa, Jarvamaa und Viljandimaa ist Skisport angesagt.

Pferde striegeln und Häschen streicheln

Nicht nur Meer, Sandburgen und Strände warten auf junge Besucher

In Estland sind die Menschen ausgesprochen kinderfreundlich. Allerdings beginnt sich die Erkenntnis, dass man den kleinen Urlaubsgästen mehr bieten sollte als kleine Portionen in Restaurants, erst zu entwickeln. Abenteuerspielplätze und Erlebnisbäder westlicher Prägung sind nur wenige zu finden. Aber die Esten haben ihre wunderschöne Natur und die langen Badestrände. Die Sandstrände der Pärnuer Bucht und die flache Ostsee sind ein herrlicher Tummelplatz für kleine Plantscher und Burgenbauer. Mancherorts finden sich auch originelle Museen und Freizeiteinrichtungen mit Entdeckungscharakter. Speziell im Großraum Tallinn hat man sich auf Familien eingestellt, Kaufhäuser wie Stockmann oder das Kaubamaja verfügen sogar über Wickelräume und Kinderzimmer.

TALLINN UND UMGEBUNG

Estnisches Feuerwehrmuseum (Päästeamet Muuseum) [111 E1]
Das Museum zeigt die Geschichte der estnischen Feuerwehr und besitzt eine große Sammlung alten

Bernsteinsuche oder Burgenbau? Sand zum Spielen gibt's genug!

Feuerwehrgeräts, vom Ledereimer bis zu den ersten Spritzenwagen. *Sept.–Mai Di–Sa 12–17, Juni–Aug. Do–Sa 12–17 Uhr, Vana-Viru 14, www.rescue.ee, Eintritt 4 Kronen, Kinder 2 Kronen*

FK Center [111 E1]
Das Abenteuercenter bietet viel für einen Adrenalinschub. Herausragend ist eine 730 m lange Gokartbahn. *Tgl. 10–22 Uhr, Paldiski 229 A, www.fkkeskus.ee, Fahrt (8 Min.) 110 Kronen, Kinder 60–75 Kronen*

Puppenmuseum (Nukumuuseum) [111 E1]
Dieses kleine Museum ist die Heimat vieler Puppen, Teddybären und einer Menge Spielzeug: Von volkstümlichen Puppen bis zu den Teletubbies können kleine Besucher hier so einiges entdecken. *Mi–So 10.30–17 Uhr, Kotzebue 16, www. linnamuuseum.ee, Eintritt 10 Kronen, Kinder 5 Kronen*

Rocca-al-Mare-Museum [111 E1]
Im Tallinner Freilichtmuseum gibt es spezielle Angebote für Kinder. So lockt ein Spieltag am Mittsommertag (23. Juni). Auch ihren Geburtstag können Kinder im Museum feiern. *Mai–Sept. tgl. 10–20, Okt.*

Insider Tipp

bis April tgl. 10–17 Uhr, Vabaõhu-
muuseumi 12, www.evm.ee, Ein-
tritt 30 Kronen, Kinder 10–20 Kro-
nen, Familien 70 Kronen

Rocca al Mare Tivoli [111 E1]

Im größten Amüsierpark Estlands
können sich Kinder und Erwachse-
ne in über 20 verschiedenen Karus-
sells und Fahrangeboten austoben
sowie mehr als 100 Video- und
Unterhaltungsspiele ausprobieren.
8. Mai–4. Sept. Mo–Fr 12–20, Sa/
So 11–20 Uhr, Aldiski 100, www.
tivoli.ee, Eintritt 25 Kronen

Surfen in Pirita [111 E1]

Der flache Ostsee am Strand von Pirita, 3 km vor Tallinn, ist bestens
geeignet fürs Surfen – zu einfach
für Könner, aber ideal für Anfänger.
Im Sommer gibt es Kurse für Kinder
bei der Surfschule *Smartener OÜ,*
Merivälja 1a, Tel. 503 25 22, Kurs
ab 800 Kronen/Monat

Zoo Tallinn [111 E1]

Einer der interessantesten Zoos in
Nordeuropa. Über 5400 Tiere aus
350 Arten sind hier zu sehen, auch
viele Tiere aus nördlichen Zonen,
darunter Sibirische Tiger. Der Strei-
chelzoo ist ein Fest für Kleinkinder,
die dort Hamster, Kaninchen und
andere kleine Tiere hautnah erleben. *März/April tgl. 9–17, Mai bis*
Aug. tgl. 9–19, Sept./Okt. tgl. 9 bis
17, Nov.–Feb. tgl. 9–15 Uhr, Paldis-
ki 145, www.tallinnzoo.ee, Eintritt
50 Kronen, Kinder 4–25 Kronen

DER WESTEN

Eisenbahnmuseum (Raudteemuuseum) [111 E4]

Ein Traumspielzeug für alle kleinen
und großen Jungen: Im Eisenbahn-

museum von Lavassaare, 17 km
nordwestlich von Pärnu, sind alte
Dampf- und Diesellokomotiven zu
bestaunen. Jeden Sonnabend gibt es
zwischen 12 und 17 Uhr mehrere
Fahrten vom Museumsbahnhof
Müramaa zum Dorf Lavassaare. *Ju-*
ni–Aug. Mo–Sa 10–18, So 11–18
Uhr, Sept. Sa 11–18, So 11–17 Uhr,
Okt. auf Anmeldung, Müramaa 1,
Lavassaare, Tel. 527 25 84, www.
museumrailway.ee, Eintritt 20 Kro-
nen, Kinder 10 Kronen, Fahrt 50
Kronen, Kinder 25 Kronen, Fami-
lien 120 Kronen

Minizoo [111 E5]

Exotisch und wetterunabhängig:
Im Pärnuer Minizoo sind aus siche-
rer Entfernung in Terrarien Kroko-
dile und Schlangen zu bestaunen.
Mai–Aug. Mo–Fr 10–18, Sa/So
11–18 Uhr, Sept.–April Mo–Fr
12–16, Sa/So 11–16 Uhr, Akadee-
mia 1, Pärnu, www.hot.ee/mini
zoo, Eintritt 35 Kronen, Kinder
5–15 Kronen

Vergnügungspark (Lõbustuspark) [111 E5]

Ein Dutzend verschiedener Karus-
sells lockt im strandnahen Unter-
haltungspark von Pärnu. *Mo–Fr*
12–18, Sa/So 11–18 Uhr, Remmel-
ga 5, Tickets je nach Fahrt zwi-
schen 5 und 10 Kronen

Wasserpark »Terviseparadiis« [111 E5]

Erlebnisbad direkt an der Ostsee.
Von einer 11 m hohen Plattform
starten vier unterschiedliche Rut-
schen. Längste Gleitfahrt: 85 m. Eine Rutsche ist nur für Kleinkinder.
Zusätzlich reizen eine Kletterwand
im Schwimmbecken, ein Kleinkin-
derbecken, Sprudelbäder und eine

Lust, Pirat zu sein, Bock aufs Ritterleben? Überall gibt's passende Kulissen!

Sprungplattform. *Tgl. 10–22 Uhr, Side 14, Pärnu, www.terviseparad iis.ee, Staffelpreise: z. B. Familientageskarte Hauptsaison 750 Kronen*

DER SÜDEN

Reitercamps

Für Kinder und Jugendliche unterschiedlicher Altersgruppen haben einige Reiter-Ferienhöfe spezielle Angebote. Pferde pflegen, Reitunterricht für Anfänger und Fortgeschrittene, aber auch Fahrradwanderungen, Lagerfeuerabende oder Kochkurse – vieles ist im Programm. Geschulte Betreuer stehen dafür bereit; die Zahl der Teilnehmer ist begrenzt. Reitcamps für Kinder ab 8 Jahren in Kleingruppen sowie Wanderreiten organisiert in den Sommerferien zum Beispiel der Pferdehof *Timmo Tallid* in *Põlva* **[115 D3]***, Mammaste, Uus 5, Tel. 799 85 30, www.kagureis.ee, 5-Tage-Kindercamp: 113 Euro.*

Snowtubing [114 B3] *Insider Tipp*

Sollten Sie im Winter nach Estland reisen, dann ist Snowtubing mit Ihren Kindern eine spaßige Pflichtübung. Auf flachen, weiten Schneebahnen im Wintersportzentrum Otepää können sie mit dem Nachwuchs in schlauchbootartigen Röhren Hunderte Meter talabwärts gleiten. Gleich zwei Seilbahnen bringen Sie schnell wieder bergauf. Bis zum 1. April gibt es Schneegarantie. *Mo–Fr 11–18, Sa 9–20, So 9–18 Uhr, O'Boy Snowtubing Park, Linnamäe org, Otepää, www.snowtubing.ee, Stundenticket 50 Kronen*

Wassertherme »Aurakeskus« [114 C2]

Nicht nur für kühle Zeiten: Therme und Wasservergnügungspark mit Riesenrutsche und 50-m-Becken. *Mo–Fr 5.30–20, Sa/So 9–22 Uhr, Turu 10, Tartu, www.aurakeskus.ee, Eintritt 35 Kronen, Kinder 25 Kronen, Familien 95 Kronen*

Angesagt!

Was Sie wissen sollten über Trends, die Szene und Kuriositäten in Estland

Kiiking

Eine spektakuläre Sportart, die 1997 einige verwegene Esten in Pärnu erfanden. Die Akteure stehen auf einer Schaukel mit überlangen Teleskopstangen, die auf 3–8 m ausgezogen werden können, und drehen sich 360 Grad um die Schaukelquerstange. Im Turnerjargon: Überschlagsschaukeln ist eine Riesenfelge mit verlängerten Armen – ohne Schutzmatte. Länger als drei Minuten kann sich ein Kiiker kaum auf der Schaukel halten. Der Weltrekord liegt bei 7,02 m. Es gibt in Estland drei Clubs, in denen etwa 100 Aktive in Wettkämpfen gegeneinander antreten. Gut 1000 Starter versuchen jedes Jahr neu ins Kiiking einzusteigen. *www.kiiking.ee*

Mittsommernacht
»Man lebt dafür, um Mittsommer zu feiern«, meinen estnische Freunde. Damit ist schon alles ausgedrückt über die kürzeste Nacht des Jahres vom 23. auf den 24. Juni, die eigentlich keine ist. Denn die Sommersonnenwende feiert das ganze Land. An Seen, auf Hügeln, an den Stränden – überall brennen die Johannisfeuer. Jung und Alt springen wie seit Jahrhunderten durch die etwas heruntergebrannten Flammen und treiben so symbolisch das Böse aus. Es wird gesungen und getanzt. In der kurzen Dämmerung der Johannisnacht blühe der Farn, sagen die Esten. Und genau den suchen viele junge Paare im Wald, denn seine in der Botanik unbekannte Blüte bringt dem, der sie findet, Glück und Reichtum.

Vanilla-Pop und Meie Mees

Vanilla Ninja – so heißt die Girlieband, die in Estland die Musikszene gehörig durcheinander gewirbelt hat. Die vier jungen Sängerinnen aus Tallinn waren für die Schweiz beim European Song Contest 2005 in Kiew erfolgreich am Start und erobern jetzt Europa. Für die Schuljugend in Estland hat die Gruppe als Symbol des modernen Estlands Kultcharakter. Für alle Esten aber ist die populäre Schlagercombo *Meie Mees* im wahrsten Sinn des Wortes »Unser Mann«. Zu Evergreens bringt die Gruppe witzige Texte, die nur von Esten verstanden werden.

Von Anreise bis Zoll

Hier finden Sie kurz gefasst die wichtigsten Adressen und Informationen für Ihre Estland-Reise

ANREISE

Auto

Von Polen ab Warschau die E 67 Suwalki–Marijampole–Kaunas–Panevezys–Bauska nach Riga. Entlang der Rigaer Bucht zum lettisch-estnischen Grenzübergang Ainaži/Ikla. Für Norddeutsche ist auch ein Landweg über Dänemark, Schweden und weiter mit der Fähre Stockholm–Tallinn denkbar.

Bahn

Täglich fahren Züge von Berlin nach Warschau. Von dort geht es über Minsk in Weißrussland und das litauische Vilnius ins lettische Riga. Weiter nach Estland kann man nur per Bus reisen. Für Weißrussland benötigen Sie ein Transitvisum. Die Reise dauert allein nach Riga bis zu 35 Std. *Infos: Tel. 0800/ 150 07 00, www.bahn.de*

Bus

Von Kiel zweimal wöchentlich über Hamburg, Berlin, Warschau, Riga nach Tallinn in ca. 31 Std. *(TAK Reisid, Kadaka 62 a, Tallinn, Tel. 627 90 80, Fax 672 39 29, www. takreisid.ee)*. Von München, Stuttgart, Köln oder Berlin fährt *Mootor Reisid/Eurolines (Lastekodu 46, Tallinn, Tel. 680 09 09, www.euro lines.ee; Tel. 069/79 03 50, www. eurolines.de)* nach Tallinn.

Fähre

Von Mai bis September fährt dreimal pro Woche die *Silja-Line* ab Rostock in 20 Std. direkt nach Tallinn *(Tel. 0451/589 92 22, Fax 589 92 43, www.siljaline.de)*. Ab Travemünde fährt *Finnlines* täglich in 33 Std. nach Helsinki *(Tel. 0451/ 150 74 43, Fax 150 74 44, www. ferrycenter.fi/finnlines/de)*. Von Helsinki aus gibt es eine Vielzahl von Verbindungen (1,5–4 Std.) nach Tallinn *(www.vikingline.fi, www.eckeroline.fi, www.tallink.com, www.njl.fi)*. Fährreisen und Weiterfahrt mit dem Auto auf den Routen Kiel–Klaipeda/Litauen mit *Lisco Baltic (Tel. 0431/20 97 64-20 oder -30, www.lisco-baltic-service.de)* oder Rostock–Liepaja/Lettland mit *Scandlines (Tel. 0381/673 12 17, www.scandlines.de)*. Von Lübeck nach Riga fahren ebenfalls *Scandlines* und *DFDS Torline (Tel. 0451/ 39 92 70, www.dfdstorline.dk)*.

Flugzeug

Estonian Air fliegt täglich bzw. mehrfach die Woche von Hamburg, Berlin, Frankfurt und München nach Tallinn *(Tel. 06105/20 60 70, www.estonian-air.ee)*. Täglich fliegt *EasyJet* Berlin–Tallinn *(Tel. 01803/ 65 43 21, www.easyjet.com)*. *Finnair* bietet täglich von Deutschland aus Flüge über Helsinki nach Tallinn an *(Tel. 01803/34 66 24,* www.finnair.com). SAS startet von deutschen Flughäfen via Kopenhagen oder Stockholm nach Tallinn *(www.scandinavian.net)*. *Austrian Air* tut dies über Wien *(www.aua.com)*. Die polnische *LOT* bietet Flüge von Düsseldorf über Warschau nach Tallinn an *(Tel. 0180/ 300 03 35, www.lot.com)*.

AUSKUNFT

In Deutschland

Baltikum Tourismuszentrale, Katharinenstr. 19, 10711 Berlin, Tel. 030/89 00 90 91, Fax 89 00 90 92, www.gobaltic.de

In Estland

Estnisches Fremdenverkehrsamt, Roosikrantsi 11, 10119 Tallinn, Tel. 627 97 70, Fax 627 97 77, www. visitestonia.com

In Estland finden Sie in allen größeren Orten Infozentren *(Tusimiinfokeskus)*, erkennbar am internationalen grün-weißen I-Signet.

AUTO

In Estland muss auch tagsüber mit Licht gefahren werden. Die Verkehrsdichte ist gering. Gewöhnungsbedürftig sind die Schotterpisten in entlegeneren Gebieten. Höchstgeschwindigkeit innerorts 50 km/h, auf Landstraßen 90 km/h. Autobahnabschnitte (bis 110 km/h) gibt es auf den Strecken Tallinn–Narva und Tallinn–Pärnu. In Estland gilt die Null-Promillegrenze. Achtung an Ampeln: Blinkendes Grün entspricht Gelb in Deutschland; bei Gelb daher nie weiterfahren. Tankstellen gibt es genügend und bleifreies Benzin überall, meist mit einem E als Kennzeichnung

(Normal: 95, Super: 95 E). In der Regel sind die Zapfrüssel und -säulen farblich markiert: grün (bleifrei), rot (verbleit), schwarz (Diesel). Die Mitnahme der grünen Versicherungskarte ist zu empfehlen.

BANKEN & KREDITKARTEN

Die meisten Banken akzeptieren alle gängigen Kredit- und EC-Karten. Geldautomaten (EC, Master, Visa, Eurocard) gibt es in jedem größeren Ort. Banköffnungszeiten: Mo–Fr 9–16 Uhr; einige Banken sind auch samstags geöffnet. Zahlen per Kreditkarte ist auch in abgelegenen Gegenden durchaus möglich.

DIPLOMATISCHE VERTRETUNGEN

Deutsche Botschaft

Toom-Kuninga 11, 15048 Tallinn, Tel. 627 53 00, Fax 627 53 04, www.germany.ee, Notfalldienst: Tel. 501 25 60

Österreichische Botschaft

Vambola 6, 10114 Tallinn, Tel. 627 87 40, Fax 631 43 65, www. austrianembassy.ee

Schweizer Generalkonsulat

Tuvi 12–28, 10119 Tallinn, Tel. 631 30 41, Fax 631 40 92, matti. klaar@starman.ee

EINREISE

Für die Einreise nach Estland genügt der Personalausweis. Auf Verlangen muss man an der Grenze eine Auslandskrankenversicherung nachweisen. Wer länger als 90 Tage im Jahr im Land bleiben will, benötigt eine Aufenthaltsgenehmigung.

GESUNDHEIT

Zusätzlich zur Notwendigkeit einer Auslandskrankenversicherung empfiehlt sich eine Zeckenschutzimpfung. Im Notfall können Sie sich bei Ärzten, Zahnärzten und in Kliniken behandeln lassen. Der EWR-Auslandskrankenschein ist in Estland gültig. Sie müssen zunächst die Kosten für die Behandlung vorstrecken, Ihre Kasse erstattet sie dann. Nahezu jeder größere Ort ab 2000 Ew. hat eine Apotheke *(apteek)*, in der Medikamente rezeptfrei verkauft werden. Informationen über deutschsprachige Ärzte und Kliniken erhalten Sie am besten in größeren Hotels.

INTERNET

Informationsreiche Websites aus und über Estland gibt es viele. Touristische Infos: *www.visitestonia.com*, *www.estemb.de*. Die Seite von *www.maaturism.ee* informiert über Urlaub auf dem Land. Die wohl umfangreichste Datenbank über touristische Angebote in ganz Estland, über Ferienhäuser etc. bietet *www.ozoon.de*. Auf Deutsch informieren *www.estmonde.ch* und *www.ratgeber-estland.de* über das Land; interessant ist auch *www.infobalt.de*.

Ausführliche Urlauberinfos über die Hauptstadt unter *www.tourism.tallinn.ee*. Bewährt sind die Seiten von *www.inyourpocket.com*, die aktuelle Veranstaltungstipps über Tartu, Tallinn, Pärnu und Haapsalu bieten. Unter *http://web.starman.ee/th/estland.htm* finden Sie auf Deutsch etliche Infos über Estland und eine Vielzahl von Links aus dem Land mit Sprachangaben auf der Website.

www.marcopolo.de

Im Internet auf Reisen gehen

Mit über 10 000 Tipps zu den beliebtesten Reisezielen ist MARCO POLO auch im Internet vertreten. Sie wollen nach Paris, auf die Kanaren oder ins australische Outback? Per Mausklick erfahren Sie unter www.marcopolo.de Wissenswertes über Ihr Reiseziel. Zusätzlich zu den Informationen aus den Reiseführern bieten wir Ihnen online:

- das *Reise Journal* mit aktuellen News, Artikeln, Reportagen
- den *Reise Service* mit Routenplaner, Währungsrechner und Compact Guides
- den *Reise Markt* mit Angeboten unserer Partner rund um das Thema Urlaub

Es lohnt sich vorbeizuschauen: Wöchentlich aktualisiert, gibt es immer wieder Neues zu entdecken. Bleiben Sie auf dem Laufenden mit unserem E-Mail-Newsletter, den Sie kostenlos abonnieren können!

INTERNETCAFÉS

Mehr als 700 öffentliche Internet-zugänge gibt es landesweit. Das blaue @-Symbol weist auf sie hin, so in Touristinfos, Bibliotheken und Internetcafés. In Tallinn u. a. in der *Nationalbibliothek (Mo, Do 10–17, Di, Mi, Fr 12–19 Uhr, Tönismägi 2)* und im *Reval Café (tgl. 9–21 Uhr, Aia 3)*, in Pärnu im *Chaplin Center (tgl. rund um die Uhr, Esplanaadi 10)*.

KLIMA & REISEZEIT

Die schönste Zeit für eine Reise nach Estland liegt zwischen Mai und Mitte Oktober. Die Sommer können wunderbar warm werden. Die Ostsee erwärmt sich im August oft auf bis zu 23 Grad, die Seen auf 25 Grad. Schön ist der Herbst, wenn die Blätter der Bäume leuchten. Ende September kann es nachts schon frieren. Der Winter ist schneereich und oft bitterkalt.

MIETWAGEN

In Tallinn am Flughafen sind alle internationalen Mietwagenfirmen vertreten. Ebenso in Pärnu und Tartu. Die Preise liegen zwischen 50 und 80 Euro pro Tag, sind also rela-tiv hoch. Manchmal bucht man über ein heimisches Reisebüro günstiger, und auch lokale Anbieter sind u. U. billiger *(R-Rent, Lennu-jaama 2, Tallinn, Tel. 605 89 29, Fax 605 89 29; Tulika Rent, Tihase 34, Tallinn, Tel. 612 00 12, Fax 612 00 13, www.tulika.ee)*. Ange-bote für Mietwagen finden Sie auch unter *www.marcopolo.de*.

NOTRUF

In ganz Estland sind Feuerwehr so-wie Notarzt/Krankenwagen unter *112* erreichbar. Der Polizeiruf: *110*.

ÖFFENTLICHE VERKEHRSMITTEL

In Tallinn fahren Straßenbahnen und Trolleybusse. Kaufen Sie die Ti-ckets im Zehnerblock am Kiosk für ca. 5 Euro. Beim Fahrer kostet der Einzelfahrschein 0,80–1 Euro. Ge-nerell sind Busse *das* Verkehrsmit-tel im Land. Jede größere Stadt be-sitzt einen Busbahnhof. Zwischen den Zentren verkehren Schnellbus-se. So braucht man für die knapp 200 km lange Strecke Tartu–Tallinn etwas mehr als 2 Std., Preis: 6 Eu-ro. *www.bussireisid.ee*

Ein dichtes Eisenbahnnetz exis-tiert für den Personenverkehr nur im Großraum Tallinn. Nach Viljan-di, Pärnu, Tartu und Valga gehen ein bis zwei Züge am Tag, Fahrt-dauer 3–6 Std. – Kriechgang. Die Preise sind niedrig; etwa 3 Euro kostet die Fahrt nach Pärnu. *www. elektriraudtee.ee*, *www.edel.ee*

ÖFFNUNGSZEITEN

Geschäfte sind allgemein Mo–Sa 9–19 Uhr geöffnet. Auf dem Land

€	EEK	EEK	€
1	15,65	10	0,65
2	31,30	20	1,30
3	47,00	25	1,60
5	78,25	50	3,20
10	156,50	100	6,50
25	391,25	300	19,20
50	782,50	500	32,00
90	1408,50	700	44,70
150	2347,50	900	57,50

können Läden früher schließen – oder die ganze Nacht offen sein. Die Öffnungszeiten von Restaurants, Diskos und Bars sind saisonal ausgerichtet, ebenso die der Tourismusinformationen *(Tusimiinfokeskus),* die meist Mai–Sept. Mo–Fr 9–18, Sa/So 10–15 Uhr, Okt.–April Mo–Fr 10–17 Uhr geöffnet haben. Museen sind montags, manchmal auch dienstags geschlossen.

POST

Postämter sind meist Mo–Fr 9–18, Sa 9.30–15 Uhr geöffnet. Briefmarken gibt es auch an einigen Kiosken. Eine Postkarte nach Deutschland kostet 6,50 Kronen. *www. post.ee*

PREISE & WÄHRUNG

Die Estnische Krone (1 EEK = 100 Senti) ist an den Euro gekoppelt. 15,65 Kronen entsprechen 1 Euro. Estland ist ein vergleichsweise preiswertes Land, wobei auf dem Land vieles günstiger ist als in touristischen Gebieten.

Museumseintrittsgelder liegen in aller Regel zwischen 30 Cent und 1,80 Euro. Karten für Oper, Theater und Konzerte: 3–13 Euro. Der Diskoeintritt: 2–6 Euro.

SICHERHEIT

In Estland ist es genauso sicher oder unsicher wie anderswo im Urlaub in Europa. Das Auto sollten Sie möglichst auf bewachten Parkplätzen abstellen. In Touristenzentren wie Tallinn ist die Polizei stärker präsent, auch zur fürsorglichen Kontrolle vieler trinkfester Reisender aus Finnland und England. Manche Plätze werden per Video

Was kostet wie viel?

Benzin	**0,80 Euro** für 1 l Super bleifrei
Imbiss	**3,80 Euro** für Hering m. Bratkartoffeln
Taxi	**3–5 Euro** für 10 km
Fahrrad	**4–8 Euro** Miete für einen Tag
Bier	**1,60 Euro** für 0,5 l vom Fass
Kaffee	**0,70 Euro** für eine Tasse

überwacht. Von der berüchtigten Ostmafia merken Touristen nichts.

TAXI

Taxifahrten werden nach Entfernung berechnet. Allerdings ist es in Tallinn ratsam, die Fahrtkosten vorher abzuklären und nur einzusteigen, wenn der Preis akzeptabel erscheint. Preis: 5,50 Kronen/km zwischen 6 und 23 Uhr. *Taxiruf Tallinn: Taxis-Klubi Takso, Tel. 142 00, www.klubitakso.ee.* Speziell am Flughafen in Tallinn scheinen einige Taxifahrer ein »Touristen-Taxameter« zu haben. Manche Hotels geben daher auf ihrer Website an, wie hoch der Taxipreis für die Fahrt zum Hotel sein darf.

TELEFON & HANDY

Die internationale Vorwahl für Estland: 00372. Zur Durchwahl aus Estland nach Deutschland wählt man 0049 plus Ortsnetzvorwahl ohne 0. Vorwahl für Österreich: 0043, für die Schweiz: 0041.

In Estland wird bei Inlandsgesprächen keine 0 vorweg gewählt; alle Anschlüsse haben mit Ortsvorwahl sieben Ziffern. Eine englischsprachige Auskunft erhält man unter *11 82*. Telefonzellen funktionieren mit Telefonwertkarten (30, 50, 100 Kronen), die es u. a. in Tankstellen, Hotels und bei der Post gibt.

Mobiltelefone (GSM) sind landesweit verbreitet. Estnische Handynummern beginnen mit der Ziffer 5. Deutsche Handys funktionieren in Estland prima, die Gespräche sind aber teuer. Daher ist es ratsam sich eine Prepaid-Karte zu kaufen. Sie bekommen für etwa 20 Euro eine wiederaufladbare SIM-Karte, zudem erhalten Sie eine Telefonnummer, unter der Sie während Ihres Aufenthalts im Land erreichbar sind. Bedienungsanleitungen sind meist auf Englisch beigelegt. Klären Sie mit Ihrem Mobilfunkanbieter, ob vertragsrechtliche Bedingungen dem entgegenstehen.

ZEIT

Ins Estland gilt die Osteuropäische Zeit = MEZ plus eine Stunde.

ZOLL

Für Estland gelten die Regeln des EU-Binnenmarkts. Zollfrei ein- und ausführen darf man 110 l Bier, 90 l Wein, 10 l Spirituosen. Für Tabakwaren gelten bis 2009 engere Freimengen, u. a. 200 Zigaretten. Für Antiquitäten gibt es Sonderregeln. *Zollbehörde Tallinn, Tel. 696 74 35, www.emta.ee; www.zoll.de*

Wetter in Tallinn

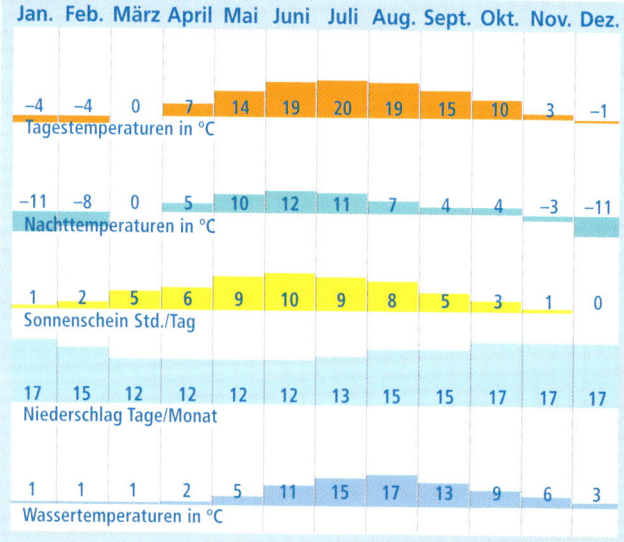

	Jan.	Feb.	März	April	Mai	Juni	Juli	Aug.	Sept.	Okt.	Nov.	Dez.
Tagestemperaturen in °C	−4	−4	0	7	14	19	20	19	15	10	3	−1
Nachttemperaturen in °C	−11	−8	0	5	10	12	11	7	4	4	−3	−11
Sonnenschein Std./Tag	1	2	5	6	9	10	9	8	5	3	1	0
Niederschlag Tage/Monat	17	15	12	12	12	12	13	15	15	17	17	17
Wassertemperaturen in °C	1	1	1	2	5	11	15	17	13	9	6	3

Kas sa oskad eesti keelt?

»Sprichst du Estnisch?«
Dieser Sprachführer hilft Ihnen, die wichtigsten
Wörter und Sätze auf Estnisch zu sagen

Zur Erleichterung der Aussprache:
Die Betonung liegt in der Regel auf der ersten Silbe.

k, p und t	am Wortanfang weich wie g, b, d
õ	wie kurz gesprochenes ö
e	wie kurzes ä
š	wie sch

AUF EINEN BLICK

Ja/Nein	Jah/Ei
Vielleicht	Võib olla
Bitte/Danke	Palun/Tänan
Gern geschehen.	Meeleldi
Entschuldigung!	Vabandust!
Schade!	Kahju!
Wie bitte?	Kuidas palun?
Ich verstehe Sie/dich nicht.	Ma ei saa teist/sinust aru.
Können Sie mir bitte helfen?	Kas te võite palun aidata?
Guten Morgen!	Tere hommikust!
Guten Abend!	Tere õhtust!
Guten Tag!	Tere päevast!
Hallo! Grüß dich!	Tere!
Wie ist Ihr/dein Name?	Kuidas on teie/sul nimi?
Mein Name ist …	Minu nimi on …
Woher kommen Sie/ kommst du?	Kust Te tulete/ sina tulen?
Ich komme aus …	Mina tulen …
… Deutschland.	… Saksamaalt.
… Österreich.	… Austriast.
… der Schweiz.	… Šveitsi.
Auf Wiedersehen!	Head aega!
Tschüss!	Nägemisenti!
Hilfe!	Appi! Aidake!
Rufen Sie bitte …	Palun, kutsuge …
… einen Krankenwagen.	… kirabe.
… die Polizei.	… politsei.

UNTERWEGS

Bitte, wo ist … | Palun, kus on …
... der Bahnhof? | ... raudteejaam?
... der Flughafen? | ... lennujaam?
... die Haltestelle? | ... bussipeatus?
... der Taxistand? | ... taksopeatus?
Bus/Fähre/Zug | autobus/laev/rong
Wo kann ich einen Fahrschein kaufen? | Kus on piletikassa?
Können Sie mir bitte sagen, wie ich nach … komme? | Öelge palun, kuidas ma … leiaksin?
Gehen Sie geradeaus. | Minge otse edasi.
Gehen Sie nach links/rechts. | Minge vasakule/paremale.
Erste/Zweite Straße links/rechts. | Esimenc/teine tänav vasakule/parmale.
nah/weit | lähedal/kaugel
Überqueren Sie … | Ületage …
... die Brücke. | ... sild.
... den Platz. | ... plats.
... die Straße. | ... tänav.
Ich möchte … mieten. | Ma tahaksin … üürida.
... ein Auto … | ... autot …
... ein Fahrrad … | ... jalgratast …
... ein Boot … | ... paati …
drücken/ziehen | vajutage/tómmake
Eingang/Ausgang | sissepääs/väljapääs
Wo sind die Toiletten? | Kus asuvad tualetid?
Damen/Herren | daamid/härrad

SEHENSWERTES

Ist das …? | On see …?
Wann ist das Museum geöffnet? | Millal on muuseum avatud?
Wann beginnt die Führung? | Juhitav ekskursioon?
Altstadt | vanalinn
Ausstellung | näitus
Besichtigung | ülevaatus
Denkmal | mälestussammas
Gottesdienst | jumalateenistus
Kirche | kirik
Naturschutzgebiet | looduskaitseala
Palast | palee
Rathaus | raekoda
Stadtplan | linnaplaan
Stadtrundfahrt | linnaekskursioonid

Stadtzentrum	kesklinn
Theater	teater

DATUMS- & ZEITANGABEN

Montag	esmaspäev
Dienstag	teisipäev
Mittwoch	kolmapäev
Donnerstag	neljapäev
Freitag	reede
Samstag	laupäev
Sonntag	pühapäev
heute	täna
morgen	homme
täglich	iga päev
Wie viel Uhr ist es?	Mis kell on?
Es ist 3 Uhr.	Kell on kolm.
Es ist halb 3.	Kell on pool kolm.
Es ist Viertel vor 3.	Kell on kolmveerand kolm.
Es ist Viertel nach 3.	Kell on kolmveerand ma kolm.

ESSEN & TRINKEN

Ist dieser Tisch/Platz noch frei?	Kas see koht on vaba?
Die Speisekarte, bitte.	Palun menüü!
Ich nehme …	Mina votaksin …
Bitte ein Glas …	Palun üks klaas …
Besteck	nõud
Messer/Gabel/Löffel	noad/kahvlid/lusikad
Vorspeise	eelroog
Hauptgericht	praad, liharoad
Nachspeise	magusroad
Salz/Pfeffer	sool/pipar
scharf	terava matseline
Ich bin Vegetarier/in	Ma olen taimetoitlane.
Auf Ihr Wohl!	Terviseks!
Trinkgeld	jootraha
Die Rechnung, bitte.	Palun, arvet.

EINKAUFEN

Wo finde ich …	Kus siin on …
… eine Apotheke?	… apteek?
… eine Bäckerei?	… leivapood?
… ein Kaufhaus?	… kaubamaja?
… ein Lebensmittelgeschäft?	… poidupood?
… einen Markt?	… turg?

Haben Sie …?	Kas teil on …?
Ich möchte …	Ma tahan …
Ein Stück hiervon, bitte.	Üks tükk sellest, palun.
Eine Einkaufstüte, bitte.	Üks kilekott, palun.
Das gefällt mir (nicht).	See meeldib mulle/ei meeldi mulle.
Wie viel kostet es?	Kui palju see maksab?
Nehmen Sie Kreditkarten?	Kas te võtate krediitkaarti ?

ÜBERNACHTEN

Ich habe bei Ihnen ein Zimmer reserviert.	Ma tellisin teile toa.
Haben Sie noch Zimmer frei?	Kas teil on tuba?
ein Einzelzimmer	üheses toa
ein Doppelzimmer	kaheses toa
mit Dusche/Bad	dusiruum/vannituba
Was kostet das Zimmer?	Kui palju seetuba maksab?
Frühstück	eine, hommikussöök
Halbpension/Vollpension	Poole kostirahaga/täiskostirahaga

PRAKTISCHE INFORMATIONEN

Können Sie mir einen Arzt empfehlen?	Kas te oskate mulle mõnda head arsti soovitada?
Ich habe hier Schmerzen.	Mul on valud.
Ich habe Fieber.	Mul on palavik.
Ich habe Durchfall.	Mul on kõhulahtisus.
Kinderarzt	lastearst
Zahnarzt	hambaarst
Eine Briefmarke, bitte.	Üks kirjamark, palun.
Postkarte	postkaart
Wo ist bitte …	Kus asub …
… die nächste Bank?	… lähim pank?
… der nächste Geldautomat?	… lähim rahaautomaat?

ZAHLEN

1	üks	11	üksteist
2	kaks	12	kaksteist
3	kolm	20	kakskümmend
4	neli	50	viiskümmend
5	viis	100	sada
6	kuus	200	kakssada
7	seitse	500	viissada
8	kaheksa	1000	tuhat
9	üheksa	1/2	pool
10	kümme	1/4	üks neljandik

Reiseatlas Estland

Die Seiteneinteilung für den Reiseatlas finden Sie auf dem hinteren Umschlag dieses Reiseführers

Mit freundlicher Unterstützung von

kein urlaub ohne

holiday autos

www.holidayautos.com

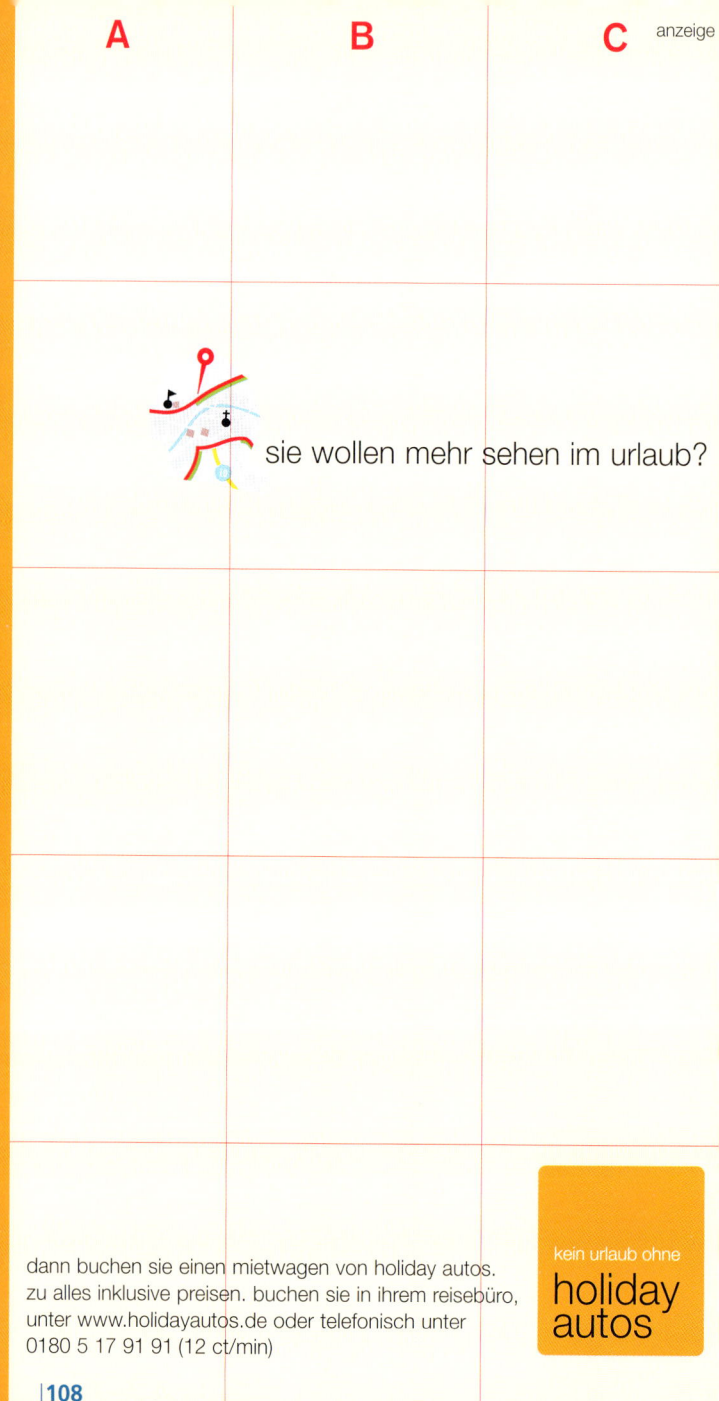

KARTENLEGENDE REISEATLAS

Autobahn mit Anschlussstellen
Motorway with junctions

Autobahn in Bau
Motorway under construction

Mautstelle
Toll station

Raststätte mit Übernachtung
Roadside restaurant and hotel

Raststätte
Roadside restaurant

Tankstelle
Filling-station

Autobahnähnliche Schnell-
straße mit Anschlussstelle
Dual carriage-way with
motorway characteristics
with junction

Fernverkehrsstraße
Trunk road

Durchgangsstraße
Thoroughfare

Wichtige Hauptstraße
Important main road

Hauptstraße
Main road

Nebenstraße
Secondary road

Fernverkehrsbahn
Main line railway

Autozug-Terminal
Car-loading terminal

Bergbahn
Mountain railway

Kabinenschwebebahn
Aerial cableway

Sessellift
Chair-lift

Eisenbahnfähre
Railway ferry

Autofähre
Car ferry

Schifffahrtslinie
Shipping route

Landschaftlich besonders
schöne Strecke
Route with
beautiful scenery

Touristenstraße
Tourist route

Wintersperre
Closure in winter

Straße für Kfz gesperrt
Road closed to motor traffic

Bedeutende Steigungen
Important gradients

Für Wohnwagen nicht
empfehlenswert
Not recommended
for caravans

Für Wohnwagen gesperrt
Closed for caravans

Kósciol farny Sehenswürdigkeit
Object of interest

Badestrand
Bathing beach

Besonders schöner Ausblick
Important panoramic view

Ausflüge & Touren
Excursions & tours

Nationalpark, Naturpark
National park, nature park

Sperrgebiet
Prohibited area

Kirche
Church

Moschee
Mosque

Kloster
Monastery

Schloss, Burg
Palace, castle

Ruinen
Ruins

Leuchtturm
Lighthouse

Turm
Tower

Höhle
Cave

Ausgrabungsstätte
Archaeological excavation

Feriendorf
Tourist colony

Motel
Motel

Jugendherberge
Youth hostel

Allein stehendes Hotel
Isolated hotel

Berghütte
Refuge

Campingplatz
Camping site

Flughafen
Airport

Flugplatz
Airfield

Staatsgrenze
National boundary

Verwaltungsgrenze
Administrative boundary

Grenzkontrollstelle
Check-point

Grenzkontrollstelle mit
Beschränkung
Check-point with
restrictions

PARIS Hauptstadt
Capital

MARSEILLE Verwaltungssitz
Seat of the administration

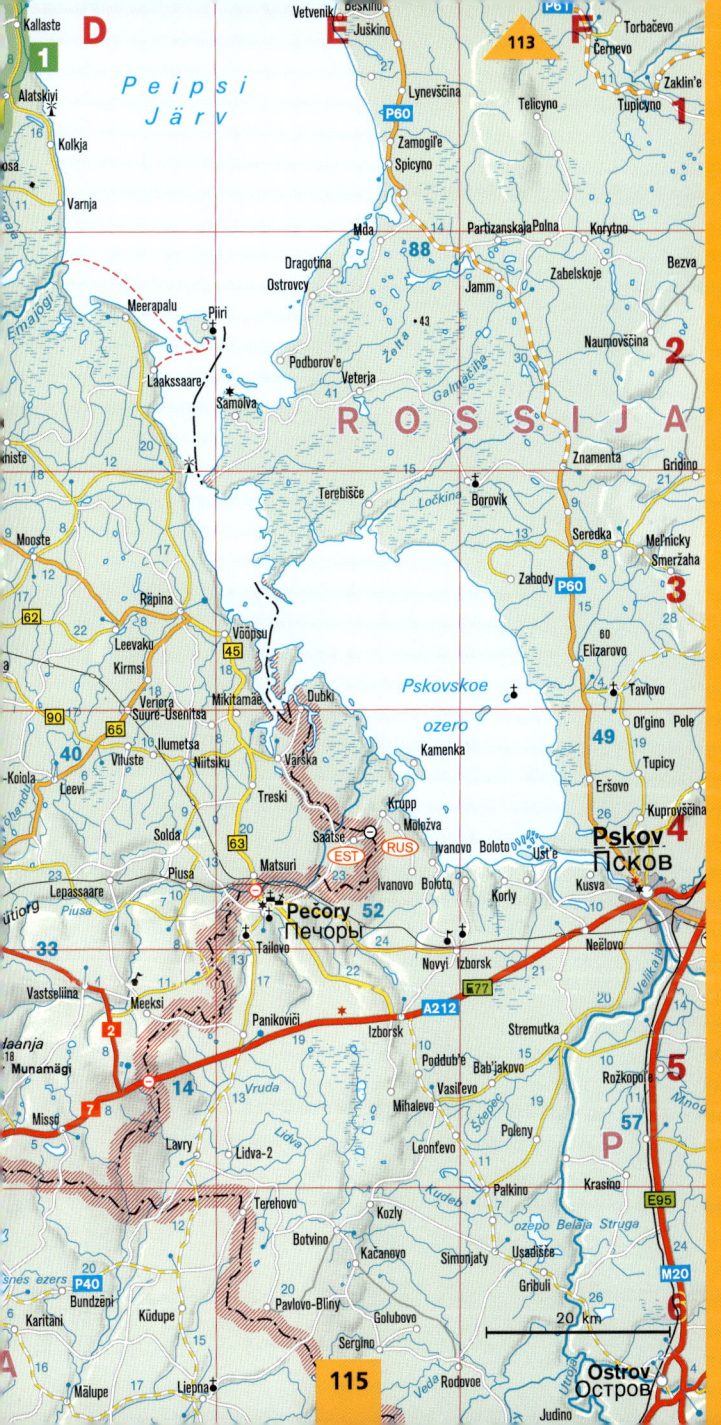

mehr sehen schon vor dem urlaub:
hier zeigen wir ihnen alle vorteile von
holiday autos.

als weltgrößter vermittler von ferienmietwagen
bieten wir ihnen mietwagen in über 80 urlaubsländern
zu äußerst attraktiven alles inklusive preisen.
und wenn wir von „alles inklusive" reden, dann meinen
wir das auch so. denn im preis von holiday autos
ist wirklich alles inbegriffen:

- vollkaskoversicherung ohne selbstbeteiligung
  im schadensfall
- kfz-diebstahlversicherung ohne selbstbeteiligung
- erhöhte haftpflichtdeckungssumme
- unbegrenzte kilometer
- alle lokalen steuern
- flughafenbereitstellung
- flughafengebühren

buchen sie gleich in ihrem reisebüro,
unter www.holidayautos.de oder
telefonisch unter 0180 5 17 91 91 (12 ct/min)

kein urlaub ohne
holiday
autos

MARCO ◉ POLO

Für Ihre nächste Reise gibt es folgende Titel:

Deutschland Allgäu · Amrum/Föhr · Bayerischer Wald · Berlin · Bodensee · Chiemgau/Berchtesgadener Land · Dresden/Sächsische Schweiz · Düsseldorf · Eifel · Erzgebirge/Vogtland · Franken Frankfurt · Hamburg · Harz · Heidelberg · Köln · Lausitz/Spreewald/Zittauer Gebirge · Leipzig · Lüneburger Heide/Wendland · Mark Brandenburg · Mecklenburgische Seenplatte · Mosel · München · Nordseeküste Schleswig-Holstein · Oberbayern · Ostfriesische Inseln · Ostfriesland Nordseeküste Niedersachsen · Ostseeküste Mecklenburg-Vorpommern · Ostseeküste Schleswig-Holstein · Pfalz · Potsdam Rheingau/Wiesbaden · Rügen/Hiddensee/Stralsund · Ruhrgebiet · Schwäbische Alb · Schwarzwald Stuttgart · Sylt · Thüringen · Usedom · Weimar **Österreich/Schweiz** Berner Oberland/Bern Kärnten · Österreich · Salzburger Land · Schweiz · Tessin · Tirol · Wien · Zürich **Frankreich** Bretagne Burgund · Côte d'Azur · Disneyland Paris · Elsass · Frankreich · Französische Atlantikküste · Korsika Languedoc-Roussillon · Loire-Tal · Normandie · Paris · Provence **Italien/Malta** Apulien · Capri Dolomiten · Elba/Toskanischer Archipel · Emilia-Romagna · Florenz · Gardasee · Golf von Neapel · Ischia Italien · Italienische Adria · Italien Nord · Italien Süd · Kalabrien · Ligurien · Mailand/Lombardei · Malta Oberitalienische Seen · Piemont/Turin · Rom · Sardinien · Sizilien/Liparische Inseln · Südtirol · Toskana Umbrien · Venedig · Venetien/Friaul **Spanien/Portugal** Algarve · Andalusien · Barcelona Costa Blanca · Costa Brava · Costa del Sol/Granada · Fuerteventura · Gran Canaria · Ibiza/Formentera Jakobsweg/Spanien · La Gomera/El Hierro · Lanzarote · La Palma · Lissabon · Madeira · Mali · Mallorca Menorca · Portugal · Spanien · Teneriffa **Nordeuropa** Bornholm · Dänemark · Finnland · Island Kopenhagen · Norwegen · Schweden · Südschweden/Stockholm **Westeuropa/Benelux** Amsterdam · Brüssel · England · Flandern · Irland · Kanalinseln · London · Luxemburg · Niederlande Niederländische Küste · Schottland · Südengland **Osteuropa** Baltikum · Budapest · Estland Kaliningrader Gebiet · Lettland · Litauen/Kurische Nehrung · Masurische Seen · Moskau · Plattensee Polen · Polnische Ostseeküste/Danzig · Prag · Riesengebirge · Rumänien · Russland · Slowakei St. Petersburg · Tschechien · Ungarn **Südosteuropa** Bulgarien · Bulgarische Schwarzmeerküste · Kroatische Küste/Dalmatien · Kroatische Küste/Istrien/Kvarner · Montenegro · Slowenien **Griechenland/Türkei** Athen · Chalkidiki · Griechenland Festland · Griechische Inseln/Ägäis Istanbul · Korfu · Kos · Kreta · Peloponnes · Rhodos · Samos · Santorin · Türkei · Türkische Südküste Türkische Westküste · Zakinthos · Zypern **Nordamerika** Alaska · Chicago und die Großen Seen Florida · Hawaii · Kalifornien · Kanada · Kanada Ost · Kanada West · Las Vegas · Los Angeles · New York San Francisco · USA · USA Neuengland/Long Island · USA Ost · USA Südstaaten · USA Südwest · USA West · Washington D.C. **Mittel- und Südamerika** Argentinien · Brasilien · Chile · Costa Rica · Dominikanische Republik · Jamaika · Karibik/Große Antillen · Karibik/Kleine Antillen · Kuba Mexiko · Peru/Bolivien · Venezuela · Yucatán **Afrika/Vorderer Orient** Ägypten · Djerba/ Südtunesien · Dubai/Vereinigte Arabische Emirate · Israel · Jemen · Jerusalem · Jordanien · Kapstadt/ Wine Lands/Garden-Route · Kenia · Marokko · Namibia · Qatar/Bahrain/Kuwait · Rotes Meer/Sinai Südafrika · Syrien · Tunesien **Asien** Bali/Lombok · Bangkok · China · Hongkong/Macau · Indien Japan · Ko Samui/Ko Phangan · Malaysia · Nepal · Peking · Philippinen · Phuket · Rajasthan · Shanghai · Singapur · Sri Lanka · Thailand · Tokio · Vietnam **Indischer Ozean/Pazifik** Australien · Malediven · Mauritius · Neuseeland · Seychellen · Südsee

Cityguides Berlin für Berliner · Frankfurt für Frankfurter · Hamburg für Hamburger · München für Münchner · Stuttgart für Stuttgarter **Sprachführer** Arabisch · Englisch · Französisch · Griechisch · Italienisch · Kroatisch · Niederländisch · Norwegisch · Polnisch · Portugiesisch · Russisch Schwedisch · Spanisch · Tschechisch · Türkisch · Ungarisch

In diesem Register sind alle in diesem Führer erwähnten
Orte und Ausflugsziele verzeichnet. Halbfette Seitenzahlen
verweisen auf den Haupteintrag, kursive auf ein Foto.

Ahja (Fluss) 76f., 90
Akste-Naturpark 77
Alatskivi 84
Angla **60f.**, 86
Ålands 91
Altja 40, 83
Aseri 49
Dagö s. Hiiumaa
Dorpat s. Tartu
Eemu 85
Elistvere 77
Emajögi (Fluss) 76
»Estonia« 14
Fellin s. Viljandi
Große Himmelshalle 77
Großer Eierberg *66*, 80f.
Haanja-Naturpark 80f.
Haapsalu 25, **51ff.**, 60,
   86, 99
Harimäe-Turm 70
Harjumaa 90
Heimtali 79
Helsinki **38**, 97
Heltermaa 54f., 86
Hiiumaa 14, 51, **54ff.**,
   86, 89, 91
Hullo 54
Ikla 97
Ilumetsa 81
Innaharu 17, 60
Järve 58
Jöelähtme 90
Jöesuu 65
Jögeveste 70
Jöhvi 43, 47
Kaali-Kratersee **59**, 85
Käina 56
Kärdla 54, 56, 90
Käsmu 40, 83
Kalana 56
Kallaste 84
Karja 61
Karujärv (See) 59
Karula-Nationalpark 70
Kassari *50*, **54**, 55, 86,
   89
Kauksi 75, 84

Keila joa 38f.
Kihelkonna 60
Kihnu 23, **65**
Kiltsi **49**, 86
Kleine Himmelshalle 77
Kõpu (Leuchtturm) **54f.**,
   86
Kõrgessaare 55f.
Kõrtsi-Tõramaa 65
Koguva 59, 85
Kohtla 43, **46f.**
Kuivastu 56, 84
Kunda 43, 84
Kuremaa 77
Kuremäe 47
Kuressaare 11, 25, **56ff.**,
   85
Kurtna-Seen 47
Läänemaa 90
Lahemaa 43
Lahemaa-Nationalpark
   39f., 83f., 90f.
Lavassaare 94
Leigo 69f.
Liiva 59, 85
Loksa 39
Matsalu-Nationalpark 54
Muhu 56, **59f.**, 84
Munalaid 65
Mustvee 75, 84
Naisaar 40
Narva 7f., 10, 15, 23,
   43ff., 75, 98
Narva-Jõesuu 47
Nasva 58
Nigula 65
Ösel s. Saaremaa
Olustvere **79**, 86
Ontika 47
Orissaare 85
Orjaku 55
Otepää **67ff.**, 91, 95
Padise 40
Pädaste 59, 84
Pärnu 7f., 10, 14, *15*, *22*,
   23ff., 51, 60, **61ff.**, 94,
   98ff.

Paide 87
Pakri 40f.
Palamuse 77
Paldiski 28, **40f.**, 90
Palmse 39, *82*, 83f.
Panga 59
Papisaare 60
Peipussee 10, 43, **75f.**,
   84
Penijõe 54
Pernau s. Pärnu
Pilistvere 87
Pirisaar 76
Pirita 40, **41**, 94
Pirita (Fluss) 41, 90
Piusa 81
Põltsamaa 11, **76**
Põlva 77, 81, 95
Pühajärv (See) 67, *68*, 69,
   91
Pühtitsa 47
Räpina 81
Raja 75, 84
Rakvere *42*, **47ff.**, 84, 90
Rannametsa 65
Reval s. Tallinn
Riga 97, 120
Ristna 56
Rocca al Mare **41**, 93f.
Rohuküla 54, 86
Rõuge 81
Ruhnu 60
Saaremaa 10, 13, 21, 25,
   51, 54, **56ff.**, 85
Sääretirp *50*, 54
Sagadi 39, 83
Saka 47
Sangaste 70f.
Saverna 77
Setu (Volksstamm) 76
Sõru 54, 86
Soomaaa-Nationalpark
   65, *88*, 89ff.
Suur Munmägi *66*, 80f.
Suur-Taevaskoja 77
Suuremõisa 55
Suure Jaani 86

Suure-Rootsi 86
Sviby 54
Taagepera *70*, 71
Taevaskoja 76f.
Tahkuna (Leuchtturm) 55
Tallinn *6*, 7ff., 11, 16f., *19*, 21, 23, 25, *26*, **27ff.**, 54, 56, 83, 89f., 93f., 96ff., 120
Tartu 7ff., 14, 21, 23ff., *67*, **71ff.**, 84, 95, 99f.
Toila 47
Toolse **49**, 84
Tori 65
Trahter Kuld Lõvi 65

Triigi 54, 86
Türi 87
Türisalu 39
Ungru 86
Urvaste 81
Uulu 65
Vääna-Jõesu 38
Väike-Maarja 48
Väike-Taevaskoja 77
Värska 76, 81
Valga 100
Vana Järve 65
Vao 49
Vaskna järv (See) 81
Vastseliina 81

Vihula 40
Viitna 40, 84
Viljandi 7f., 11, 67, **77ff.**, 86, 90, 100
Vilnius 97, 120
Vilsandi-Nationalpark 17, 60
Virtsu 56, 84
Viru 21
Võhandu 90
Võrtsjärv (See) **79**, 91
Võru 11, 14, 25, **79ff.**
Võsu 39f., 83
Vooremaa-Seen **77**, 91
Vormsi 54

Schreiben Sie uns!

Liebe Leserin, lieber Leser,

wir setzen alles daran, Ihnen möglichst aktuelle Informationen mit auf die Reise zu geben. Dennoch schleichen sich manchmal Fehler ein – trotz gründlicher Recherche unserer Autoren/innen. Sie haben sicherlich Verständnis, dass der Verlag dafür keine Haftung übernehmen kann. Wir freuen uns aber, wenn Sie uns schreiben.

Senden Sie Ihre Post an die MARCO POLO Redaktion, MAIRDUMONT, Postfach 31 51, 73751 Ostfildern, info@marcopolo.de

Impressum

Titelbild: Tallinn, Altstadt (Huber: Schmid)
Fotos: R. Freyer (U. r., 1, 15, 51, 78, 87); R. Hackenberg (61, 75); Huber: Schmid (6, 12, 31, 39, 107); R. Irek (2 u., 26, 33, 36); T. Kliem (17); K. Maeritz (2 o., 4, 5 l., 5 r., 7, 9, 11, 18, 20, 22, 28, 35, 42, 44, 46, 49, 50, 52, 55, 57, 59, 62, 66, 67, 68, 70, 72, 77, 80, 82, 85, 91, 92, 95, 96); transit-Archiv: Hirth (U. l,. U. M., 24, 25, 27, 41, 64, 88)

1. Auflage 2006 © MAIRDUMONT, Ostfildern
Herausgeber: Ferdinand Ranft, Chefredakteurin: Marion Zorn
Redaktion: Arnd M. Schuppius, Bildredaktion: Gabriele Forst
Kartografie Reiseatlas: © MAIRDUMONT/Falk Verlag, Ostfildern
Vermarktung: MAIRDUMONT MEDIA, media@mairdumont.com
Gestaltung: red.sign, Stuttgart

Bloß nicht!

Auch in Estland gibt es Dinge, über die Sie Bescheid wissen oder die Sie vermeiden sollten

Die Blumen vergessen

Sollten Sie eingeladen werden, nehmen Sie unbedingt einen kleinen Strauß Blumen für Ihre Gastgeber mit. Nicht der Preis, sondern die Geste zählt. Mit leeren Händen zu kommen wird in Estland als unhöflich empfunden. Und Estinnen lieben Blumen: Überall in den Städten gibt es kleine Blumenstände, die ein großes Publikum haben. Vermeiden Sie rote Nelken, die zu sehr an die alte Sowjetzeit erinnern. Schenken Sie immer in ungerader Zahl, nur bei traurigen Anlässen ist dies anders. Übrigens: Bei Privatbesuchen ist das Ausziehen der Schuhe im Flur üblich. Also vorher auf die Socken achten.

Gewohnheiten missachten

Esten gelten als reserviert, schweigsam und zurückhaltend. Pünktlichkeit zählt hier zur Höflichkeit, sie wird erwartet, ist eigentlich ein absolutes Muss. Bei der Begrüßung reicht man sich in Estland die Hände, mehr nicht. Sentimentalitäten im Zwischenmenschlichen vermeiden Esten. Selbst alte estnische Freunde kann es durchaus irritieren, wenn man sie zur Begrüßung drückt oder umarmt. Esten haben ihre Gefühle in der Öffentlichkeit stets unter Kontrolle, und man muss sich schon sehr gut kennen, bevor sie sich im Privaten öffnen.

Das Nationalbewusstsein verletzen

Die Esten sind als kleines Volk stolz auf ihre Nation und ihr Land. Verwechseln Sie die Esten daher bloß nicht mit Letten oder Litauern, das mögen sie nicht. Achten Sie auch darauf, ihre Hauptstadt Tallinn klar von Riga oder Vilnius zu unterscheiden. Manche, die das Baltikum zum ersten Mal bereisen, können seine drei Länder nicht immer in allen Facetten voneinander trennen, was bei Gesprächen zu peinlichen Momenten führen kann. Ebenso ist der in Deutschland übliche Begriff »Balten« für die Esten eine Bezeichnung, die sie mit gemischten Gefühlen hören. Der Begriff ist zwar geografisch korrekt, spiegelt aber die nationale Eigenständigkeit nicht wider. Sie gewinnen Sympathien, wenn Sie die estnische Kultur und die Traditionen anerkennen und sich selbst bescheiden zeigen. Und noch etwas: Bezeichnen Sie Esten nie als Russen und sprechen Sie nie von der einstigen Sowjetrepublik. Esten finden es zudem unpassend, wenn man betont, dass Estland ein kleines Land sei. Sie haben ja nicht Unrecht: Dänemark, Belgien oder Holland sind kleiner. Und im Sport sind die Esten, gemessen an ihrer Einwohnerzahl, noch größer und verweisen gern und stolz auf ihre Erfolge.